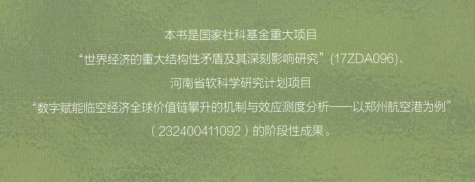

本书是国家社科基金重大项目
"世界经济的重大结构性矛盾及其深刻影响研究"(17ZDA096)、
河南省软科学研究计划项目
"数字赋能临空经济全球价值链攀升的机制与效应测度分析——以郑州航空港为例"
（232400411092）的阶段性成果。

河南大学经济学学术文库

全球经济失衡与价值链重构

兼论国际贸易争端

贺娅萍

著

GLOBAL IMBALANCE AND VALUE CHAIN RECONSTRUCTION

Also on International Trade Disputes

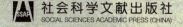

社会科学文献出版社
SOCIAL SCIENCES ACADEMIC PRESS (CHINA)

总　序

　　河南大学经济学科自 1927 年诞生以来，至今已有近 90 年的历史了。一代一代的经济学人在此耕耘、收获。中共早期领导人之一的罗章龙、著名经济学家关梦觉等都在此留下了足迹。

　　新中国成立前夕，曾留学日本的著名老一辈《资本论》研究专家周守正教授从香港辗转来到河南大学，成为新中国河南大学经济学科发展的奠基人。1978 年我国恢复研究生培养制度以后，周先生率先在政治经济学专业招收、培养硕士研究生，并于 1981 年获得首批该专业的硕士学位授予权。1979 年，河南大学成立了全国第一个专门的《资本论》研究室。1985 年以后，又组建了河南大学历史上的第一个经济研究所，相继恢复和组建了财经系、经济系、贸易系和改革与发展研究院，并在此基础上成立了经济学院。目前，学院已发展成拥有 6 个本科专业、3 个一级学科及 18 个二级学科硕士学位授权点、1 个一级学科及 12 个二级学科博士学位授权点、2 个博士后流动站、2 个一级省重点学科点、3000 多名师生规模的教学研究机构。30 多年中，河南大学经济学院培养了大批本科生和硕士、博士研究生，并且为政府、企业和社会培训了大批专门人才。他们分布在全国各地，服务于大学、企业、政府等各种各样的机构，为国家的经济发展、社会进步、学术繁荣做出了或正在做出自己的贡献，其中也不乏造诣颇深的经济学家。

在培养和输出大量人才的同时，河南大学经济学科自身也造就了一支日益成熟、规模超过 120 人的学术队伍。近年来，60 岁左右的老一代学术带头人以其功力、洞察力、影响力，正发挥着越来越大的引领和示范作用；一批 50 岁左右的学者凭借其扎实的学术功底和丰厚的知识积累，已进入著述的高峰期；一批 40 岁左右的学者以其良好的现代经济学素养，开始脱颖而出，显现领导学术潮流的志向和实力；更有一大批 30 岁左右受过系统经济学教育的年轻人正蓄势待发，不少已崭露头角，初步展现了河南大学经济学科的巨大潜力和光辉未来。

我们有理由相信河南大学经济学科的明天会更好，经过数年的积累和凝练，它已拥有了支撑自己持续前进的内生动力。这种内生动力的源泉有二：一是确立了崇尚学术、尊重学人、多元发展、合作共赢的理念，营造了良好的学术氛围；二是形成了问题导向、服务社会的学术研究新方法，并据此与政府部门共建了中原发展研究院这一智库型研究平台，获批了新型城镇化与中原经济区建设河南省协同创新中心。学术研究越来越得到社会的认同和支持，也对社会进步产生了越来越大的影响力和推动力。

河南大学经济学科组织出版相关学术著作始自世纪交替的 2000 年前后，时任经济学院院长许兴亚教授主持编辑出版了数十本学术专著，在国内学术界产生了一定的影响，也对河南大学经济学科的发展起到了促进作用。

为了进一步展示河南大学经济学院经济学科各层次、各领域学者的研究成果，更为了能够使这些成果与更多的读者见面，以便有机会得到读者尤其是同行专家的批评，促进河南大学经济学学术研究水平的不断提升，为繁荣和发展中国的经济学理论、推动中国经济发展和社会进步做出更多的贡献，我们从 2004 年开始组织出版

"河南大学经济学学术文库"。每年选择若干种河南大学经济学院在编教师的精品著述资助出版，也选入少量国内外访问学者、客座教授及在站博士后研究人员的相关著述。该文库分批分年度连续出版，至今已持续 10 年之久，出版著作总数多达几十种。

感谢曾任社会科学文献出版社总编辑的邹东涛教授，是他对经济学学术事业满腔热情的支持和高效率工作，使本套丛书的出版计划得以尽快达成并付诸实施，也感谢社会科学文献出版社具体组织编辑这套丛书的相关负责人及各位编辑为本丛书的出版付出的辛劳。还要感谢曾经具体负责组织和仍在组织本丛书著作遴选和出版联络工作的时任河南大学经济学院副院长刘东勋教授和现任副院长高保中教授，他们以严谨的科学精神和不辞劳苦的工作，回报了同志们对他们的信任。最后，要感谢现任河南大学经济学院院长宋丙涛教授，他崇尚学术的精神和对河南大学经济学术事业的执着，以及对我本人的信任，使得"河南大学经济学学术文库"得以继续编撰出版。

分年度出版"河南大学经济学学术文库"，虽然在十几年的实践中积累了一些经验，但由于学科不断横向拓展、学术前沿不断延伸，加之队伍不断扩大、情况日益复杂，如何公平和科学地选择著述品种，从而保证著述的质量，需要在实践中不断探索。此外，由于选编机制的不完善和作者水平的限制，选入丛书的著述难免会存在种种问题，恳请广大读者及同行专家批评指正。

耿明斋

2004 年 10 月 5 日第一稿，2007 年 12 月 10 日修订稿，2014 年 6 月 21 日第三次修订

摘　要

全球经济失衡是一个困扰全球经济发展的老问题，也是近年来世界经济和国际贸易研究中的一项重要课题。在以往关于全球经济失衡的研究中，对失衡原因和失衡影响的探讨较为丰富，这些研究的核心大多离不开全球价值链分工下的要素失衡和利益分配失衡问题。在全球价值链分工体系下，发达国家占据主导地位，位于生产网络中高附加值环节，获取了价值创造的绝大部分利益；发展中国家承接了发达国家转移而来的劳动和资源密集型产业以及高科技产业中的劳动密集型加工环节，这些低端生产和加工环节资源消耗大、环境污染严重、利润空间小。由此产生了世界经济发展不平衡和贫富悬殊等问题，最终导致世界经济格局发生深刻调整与变化。事实上，传统价值链分工模式容易造成贸易失衡和"比较利益陷阱"，国际资本流动的技术溢出效应又促进了对经济失衡的纠偏，给全球价值链带来结构性重构冲击，进一步导致国际经贸争端加剧，终归不利于全球贸易和世界经济的稳定增长。

在理论基础与文献综述的基础上，本书探讨了"源自贸易的收益"下的全球经济失衡问题，并从贸易开放的非对称性和收入差距的扩大两个方面考察传统全球价值链分工对全球经济失衡的影响机制，通过构建一个理论模型分析全球价值链重构的内在逻辑，探讨并检验了全球经济失衡和技术进步影响价值链重构的理论机制和效应。在此基础上，采用三国模型理论分析和 Probit 回归模型实证检验了全球价值链重构对国际经贸争端的影响效应及其时间阶段特征。总体上，得出了以下几点结论。

第一，从表现特征和形成原因来看，全球经济失衡在某种程度上是发达国家主导的全球产业链和价值链上的要素失衡和利益分配失衡，是建立在利益和风险不对称的国际分工格局之上的发展结果。在考察期内，尽管全球经济失衡呈现周期性调整趋势，但调整过程仍是围绕以美国为中心的经济和利益中心而展开的，长期来看，全球经济失衡推动了价值链发生解构与重塑，引发世界经济格局表现出新的发展趋势。

第二，传统全球价值链分工模式通过贸易开放的非对称性和收入差距的扩大机制推动了全球经济失衡的加剧。具有制造业相对优势的经济体将其贸易利得投向具有较高开放度和高收益率的发达经济体资本市场，造成收入差距扩大和内需不足，加剧了贸易顺差的积累；发达经济体金融业的发展优势促进了收入差距扩大和过度消费，推动了贸易逆差的扩大。

第三，全球经济失衡倒逼价值链重构。全球经济失衡的技术溢出效应通过规模变化机制和人力资本积累机制对国际分工格局变化产生显著影响：技术进步提高了劳动生产率，降低了生产成本，从而有利于通过规模效应来推动价值链地位的提升；技术进步也提高了人力资本门槛，人力资本积累对国际分工格局变化产生正向显著影响。

第四，一国参与全球价值链重构对它自身面临的贸易争端具有催化和润滑的双重影响。相对全球价值链地位指数与贸易摩擦数量之间表现为显著的正向关系，即两国某行业在全球价值链的分工越接近，发生贸易纠纷的频率越高；相对全球价值链参与度指数与贸易争端之间呈显著负相关关系。

　　全球经济失衡冲击并重塑全球价值链，价值链的调整和变化又对国际经贸关系产生重要影响。鉴于全球经济失衡对国际经贸格局以及价值链重构对国际经贸争端的显著影响，在推动全球经济再平衡的政策制定过程中，全球价值链上的各参与主体应当紧密结合自身发展特点，进行针对性的政策构建。具体到中国，应当注重并推动多方主体参与创新，进一步优化产业结构，积极构建包容性的全球价值链等。

目　录

第一章　绪论

第一节　研究背景

18 世纪的工业革命以来，伴随着工业化的快速推进和科学技术的更新迭代，人类社会进入了一个经济飞速发展的时期，物质财富得到极大丰富和积累。正如英国著名经济史学家安格斯·麦迪森在《世界经济千年史》（*The World Economy：A Millennial Perspective*）一书中所言，从 1820 年到 1998 年，世界经济呈现快速发展的良好势头，全球经济总量从 6944 亿国际元增长到 337260 亿国际元，增长了约 47.57 倍，在此期间人均收入增长了 6.5 倍。20 世纪 90 年代后，随着科学技术特别是交通运输和信息技术的迅速发展，国际贸易和全球经济得到迅速发展。据世界银行统计，1990~2010 年，全球经济总量从 22.6 万亿美元增长到 66 万亿美元；国际商品贸易增长了 3 倍多，从 3.5 万亿美元增长到 15.3 万亿美元。

2008 年国际金融危机的爆发给世界经济基本面带来严重冲击，国际贸易自由落体式下滑，全球贸易和价值链分工位次发生了变化：美国和日本等发达经济体提出建立以出口推动和制造业增长为主的发展模式，这在一定程度上降低了它们对全球价值链的参与程度；中国调整出口导向型经济增长模式，使之向内需拉动型转变，减弱

1

对海外市场的依赖。全球经济进入大调整、大变革和大转型的时代。不仅如此，全球经济失衡规模也在 2008 年前后达到了历史峰值：美国经常账户赤字与 GDP 的比值在 2006 年达到 6.6% 的峰值，中国经常账户顺差在 2008 年达到 4206 亿美元，与当年 GDP 的比值约为9.1%，发展中亚洲国家与日本的该比值在 2007 年分别达到 7% 和4.8% 的最高水平。此后，全球经济增长乏力，国际贸易萎缩，全球经济失衡问题在流量上虽有所缓解，但存量失衡依然严重。全球价值链受到市场需求低迷、产能过剩和贸易保护主义抬头等因素的压制而由扩张转向收缩，全球价值链重构再塑，世界经济发展节奏有变，全球多层次矛盾不断积累。

　　除了国际经济格局发生深刻变动之外，以 2008 年的国际金融危机和 2010 年中国经济总量跃居世界第二为分水岭，中美关系发生了新的转折。2008 年国际金融危机之后，美日欧等发达经济体经济增长乏力，经济增速显著低于危机前的水平，而中国对世界经济增长的贡献率远远超过美国。根据世界银行的衡量标准，中国在全球经济增长总额当中占 1/3，成为金融危机后带动世界经济复苏的重要引擎。因此，美国开始极力遏制中国的发展。2017 年 12 月，特朗普政府在《国家安全战略报告》中明确将中国定位为美国的"竞争对手"。自 2018 年第一季度开始，美国政府先后对世界主要经济体开展贸易制裁，并以贸易不平衡为由威逼中国扩大进口、进一步开放市场，并且针对中国在高科技领域的未来发展和能力建设进行压制和防范，致力于运用新规则将中国锁定在全球价值链中低端，抑制中国高科技产业的崛起。中美关系开始进入美国对华政策由"接触"（engagement）调整为"规锁"（confinement）① 的质变期（张宇燕和冯维

---

① "接触政策"的核心是接纳中国成为国际社会的"正式成员"，并让中国逐步成为分担美国国际责任的"利益攸关方"；"规锁政策"的核心是规范中国行为，锁定中国经济增长的空间和水平，把中国控制在无力威胁或挑战美国世界主导权的范围以内。

江，2018）。2020 年初新冠疫情的暴发和蔓延，导致全球产业链供应链遭受重创，疫情的全球大流行加速了 20 世纪 90 年代以来超级全球化的调整速度。世界"百年未有之大变局"叠加疫情冲击，导致全球发生二战以来最严重和最大幅度的经济收缩，国际政治经济格局发生了深刻变化。

图 1-1 报告了 1960~2018 年全球经济失衡的发展趋势，由图可见，近 60 年里全球经济失衡在整体上处于加重态势，并且在 2008 年达到峰值，随后有所缓和，但失衡规模仍然维持在较高水平。全球经济长期失衡是世界经济重大结构性矛盾的根源之一，经济失衡下生产和消费、供给与需求之间的结构性矛盾越积越深（徐康宁，2020），对全球经济产生了不利影响，也成为美国制裁中国的重要借口。

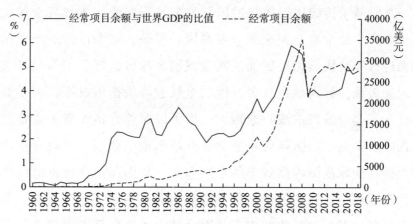

图 1-1　1960~2018 年全球经济失衡情况

注：经常项目余额是世界各国经常项目余额绝对值之和。

数据来源：世界银行数据库。

不可否认，全球经济失衡的持续和加剧必然有其深刻的内在原因，诸如以美元为单一中心的国际货币体系、以美国为代表的发达经济体的储蓄-消费结构的长期失衡等。但是这些依然无法解释全球经济失衡问题出现的内在根源，也不存在普遍性的意义。事实上，从全球化的发展逻辑来看，基于传统比较优势的国际分工是导致全球经济持续失衡的关键所在：具有制造业优势的经济主体更多依赖出口拉动经济，体现为贸易顺差；具有金融业优势的国家具有大量进口需求，表现为贸易逆差。特别是对于具有典型产业特点的经济体如中国和美国而言，大规模的贸易差额有着内在的经济结构原因。恰如徐建炜和姚洋（2010）在研究中所指出的，全球经济失衡问题归结于国际分工下金融业和制造业的不平衡发展，这种失衡问题具有长期性特征，不能仅仅依靠汇率加以解决。其中的逻辑在于，国际资本流动受金融业的资本供给能力和制造业的资本利用效率共同决定，当国际流动资本存在漏出时，制造业较强的国家就会产生经常账户盈余，金融业较强的国家就会产生经常账户赤字（茅锐、徐建炜和姚洋，2012）。

尽管基于传统比较优势的国际分工是不同经济体参与全球化生产进而产生经常账户差额的重要原因，但是，如果仅仅从产业结构层面进行考察依然无法更加准确地识别全球价值链分工与经济失衡的内在关系。特别是在过去持续的全球经济失衡情况下，主要经济体积累了大量的资本账户余额，产生了以对外直接投资为主要形式的国际资本流动，国际资本流动具有技术溢出效应，该效应推动了产业链在全球范围内高效率的生产布局，从而促使全球价值链进行解构和重构。就技术进步与价值链重构的关系而言，谭人友、葛顺奇和刘晨（2016）认为技术革新对全球价值链中低端的经济体突破"低端锁定"具有推动作用。遗憾的是，以往研究在考察技术因素与全球价值链重构之间关系的过程中忽视了全球经济失衡对价值链重构的影响效应和作用机制。

诚然，全球经济失衡作为经济全球化发展的结果之一，必然会对世界经济发展产生一些影响。就全球价值链分工体系下的利益分配而言，价值链创造的增加值大多被发达国家获取，它们垄断了价值链上下游的高端环节；以中国为代表的发展中国家以劳动力成本优势嵌入全球价值链而从事低附加值的加工和组装等环节，价值链地位低，获取的利润空间小。面对全球价值链"低端锁定"下的低收益和多重竞争，处在全球价值链中低端的经济体的企业通过增加知识要素投入、加快中间产品创新等路径提升自身的增值能力，以生产更为复杂的产品、更有效率地生产和转移到新的高附加值环节（Leten，Vanhaverbeke and Roijakkers et al.，2013），从而推动全球价值链重构。与此同时，位于价值链高端的经济体为维持它们在价值链中的高阶地位并获取垄断利润，通过实施"技术锁定"、反倾销调查等对策来抑制他国的技术进步和产业升级，阻碍他国产业向价值链中高端迈进（刘志彪和郑江淮，2012；王敏和冯宗宪，2013）。进一步地，全球价值链中低端参与主体会更加积极地发展高端产业，这势必会与位于价值链高端的经济体产生直接冲突（谭人友、葛顺奇和刘晨，2016），由此引发了由价值链重构带来的贸易争端以及相应的动态博弈。

第二节　问题性质

基于上述分析，本书围绕全球经济失衡、价值链重构以及国际经贸争端的现实背景，采用理论研究与实证分析相结合的方法，考察基于传统比较优势的国际分工与全球经济失衡的内在关系，探讨全球经济失衡、技术进步对全球价值链重构的影响效应；在此基础上，结合当前国际分工格局的调整与变化、中美大国关系生变和中国谋划双循环新发展格局的现状和要求，进一步考察价值链重构对中美贸易纠纷的影响效应。本书拟主要分析以下三个关键问题。

问题一：传统全球价值链分工对全球经济失衡的影响效应

如何？其背后的作用机制又是什么？

第二次世界大战后，德国和日本逐步取代了美国和英国在制造业中的领先地位，成为全球高端制造业的主要供应者，美英将发展重心转向金融业，以中国为代表的发展中国家或新兴经济体依靠劳动力成本优势从事价值链中低端的生产和加工等低附加值环节，产油国作为能源提供者供给能源。在这种分工体系下，美国进口增加，产生了经常账户赤字，德国、日本和中国等制造业经济体和能源出口国依靠出口产品和出口能源形成了经常账户盈余。那么，全球价值链分工对全球经济失衡的影响效应究竟表现如何？其作用机制是什么？关于东亚经济体高储蓄率以及美元霸权影响全球经济失衡的主流观点又做何解释？本书拟从以上三个方面考察现有国际分工与全球经济失衡的内在关联。这是本书关注的关键问题之一。

问题二：全球经济失衡是否倒逼了价值链重构？国际资本流动下的技术溢出效应对价值链重构有何影响？技术进步对发达国家维持价值链高阶地位和新兴经济体突破价值链"低端锁定"陷阱分别产生了哪些影响？

20世纪90年代以来，经济全球化发展速度加快，人类社会进入了真正意义上的全球化时代。随着信息技术和互联网技术的快速发展，世界联系更加紧密，整个世界进入了知识经济时代。资本、信息、人才等各种生产要素和资源在全球范围内大规模自由流动，全球资源的优化配置力度加大，各个经济体基于比较优势参与国际分工，其产业结构特征逐步得到形成和固化。随着价值链分工的不断加深，技术创新的跨国转移和合作逐渐发展成为经济全球化的重要新趋势（张二震和戴翔，2020）。与此同时，与全球经济失衡相伴的国际资本流动进一步加快了全球产业结构调整和技术研发，促进了全球价值链发生调整和变化。一般来说，节约劳动的技术进步使得劳动的边际生产率相对降低、资本的边际生产率相对提高，从而技术进步对全球价值链分工体系变化产生了影响。那么，全球经济失衡是否倒逼了价值链重构？国际资本流动下的技术溢出效应对价值链重构产生了何种影响？不同经济体的技术差距对全球价值链重构的影响效应又是如何？这是本书关注的另一个关键问题。

问题三：中国参与全球价值链分工的相对变化与美国对华实施贸易制裁之间存在何种内在关联？价值链重构对国际贸易争端的影响效应表现如何？

目前，中国的全球价值链已经不再是单纯的代工链，而是从代工链向全球创新链发展变化，中国与世界的关系也在发生变化，由中国依赖世界向世界依赖中国变化，同时在高科技行业领域中国展现出不一般的后发赶超势头。从近年来的中美关系来看，特别是2018年以来，美国通过频繁制造贸易摩擦来阻遏中国经济全面发展，用来延缓美国自身相对实力和影响力的下降速度，以期获得更长的发展战略准备期。除此之外，中国在新冠疫情中较快复工复产进一步坚定了美国维护霸权的决心（张宇燕，2021）。那么，中国全球价值链分工地位的相对变化与中美贸易争端之间存在哪些内在关联？

第三节　概念界定

（一）全球经济失衡

目前，对经济失衡的概念并未形成一致定义，定义失衡，必然联系平衡。什么是平衡？平衡与失衡是相对的，平衡是非常态的，失衡才是常态。在宏观经济学意义上，失衡（disequilibrium）指的是偏离了一般均衡。一般均衡涵盖静态和动态两个方面：静态的一般均衡指的是供需趋于平衡，供给等于需求，市场实现了均衡；动态的一般均衡是指经济发展处在一种不再变化的相对稳定状态，这种稳态不受外部环境干预（伊特韦尔，1996），即使偏离一般均衡的状态出现，仍能自行调整到均衡的状态。经济失衡的静态和动态含义体现为：静态上的经济失衡是由供给和需求的不平衡带来无法出清的结果；动态上的经济失衡表明存在阻碍经济发展趋于稳定状态的因素，而且缺乏自行恢复到均衡状态的能力。

1. 狭义上的全球经济失衡

通常来说，全球经济失衡（global imbalance）指的是国际贸易失衡或经常账户收支失衡，本书将贸易上的失衡定义为狭义范畴上的全球经济失衡。这也是本书第五章、第六章中实证部分关于全球经济失衡指标的测度和讨论的范畴。关于全球经济失衡的贸易失衡的定义，学界较为认可的是国际货币基金组织（IMF）前总裁罗德里戈·拉托（Rodrigo de Rato Figaredo）的阐述。他于2005年2月在名为《纠正全球经济失衡：避免相互指责》（Correcting Global Imbalance：Avoiding the Blame Game）的演讲中指出，全球经济失衡指的是一国持有巨额贸易赤字，对应的大量贸易盈余集中在少数国家；全球经济失衡主要表现为美国经常账户赤字数额巨大，债务增长迅速，中国、日本和亚洲其他主要新兴市场国家贸易盈余规模较大，同时俄罗斯和中东石油产出国的贸易盈余也在增加。

全球经济失衡并不是一种新现象，在金本位时代，全球主要国家之间就已经出现普遍的经常账户失衡。我们将全球经济失衡的贸易失衡特征归纳如下：其一，突出表现是全球经常账户的收支失衡，其中，国际贸易逆差主要体现在美国，美国同时具有大规模的资本账户盈余,中国、日本和亚洲其他主要新兴市场国家以及石油输出国集中了大量的国际贸易盈余;其二,以上主要经济体的经常账户差额越来越大且存在持续性特征,并带来大规模的跨国资本流动;其三,失衡现象难以通过自身调整机制予以消除。

2. 广义上的全球经济失衡

全球经济失衡最突出的表现是贸易双方的经常账户收支不平衡,但全球经济失衡的内涵并不仅限于此。根据拉托的表述,全球经济失衡至少表现为两个层面的资源的再次分配:一个是实物资源的重新配置,另一个是国际资本的再次配置。除了经常账户收支失衡外,全球经济失衡的表现形式还具有丰富的内涵和广阔的外延。譬如,消费与储蓄的结构性不平衡、产业结构不平衡、国际贸易不均衡,以及全球财富分配不均衡、资源占有不平衡和消费失衡、国际货币体系失衡等。

(1)主要经济体间的消费、储蓄和投资失衡。美国日益扩大的贸易逆差背后是美国多年来的负债消费模式。国际金融危机爆发之前,美国制造业增加值占 GDP 的比重在 12%和 15%之间,美国经济增长更多依靠以金融业为主的虚拟产业来支撑,通过金融业在全球财富分配中获取最大份额。2007 年,美国家庭和企业在金融危机中受到巨大冲击,家庭资产严重缩水进一步提高了美国的负债率。金融危机后,美国家庭资产负债结构得到改善,私人储蓄率明显上升。与此同时,作为全球经济失衡另一面的东亚经济体,如中国,国内储蓄多于投资,且金融市场相对不完善,整体对外部市场的投资依赖程度较高。

(2)全球财富分配失衡。目前,世界财富分布极不均衡。全球大部分财富集中在北美、欧洲和日本,这几个经济体拥有的财富占世界总财富的比重接近 90%,发展中国家经济发展水平低,在全球财富分配中占比少。在发达国家内部,国民间的财富分布不均也同样严重，如在法国和英国，10%的富人阶层所拥有的财富占据了社会财富总额的50%，美国的这一比例高达70%。经济体间、经济体内部的财富分配不均严重影响了全球经济发展和消费增长。

（3）资源拥有和消费失衡。世界资源拥有和消费失衡主要体现在矿产资源拥有和消费方面。第一，矿产资源地区间、国家间分布和人均资源占有量的不平衡。目前，全球石油储量为1708亿吨，排名前五位的国家的储量之和占全球石油储量的52%；全球煤炭储量是8475亿吨，美国、俄罗斯、中国、印度、澳大利亚5个国家的煤炭储量之和占据全球储量的72%；全球铜储量是5.5亿吨，排名前五位国家的储量占了全球储量的60%，其中仅智利一国铜储量就达到1.5亿吨；全球铝储量是270亿吨，排名前五国家的储量之和占全球储量的71%。第二，世界资源消费的不平衡。在过去的大约100年里，美国消费的能源总量累计高达1363亿吨油当量，占全球累计能源消费总量的30%；中国的能源消费总量累计仅为309亿吨油当量，占全球累计能源消费总量的7%。在此期间，美国消费原煤将近100亿吨、石油接近500亿吨、天然气323万亿立方米，分别占世界消费总量的32%、33%和39%，中国对应的消费比例仅为14%、3.7%和1%。

（4）国际货币体系失衡。国际货币体系发展的历史脉络可以概括为以下几个阶段。1870~1944年，黄金充当国际货币，国际货币体系以黄金为本位。1945~1972年，布雷顿森林体系（金汇兑本位货币体系）是以美元为中心的金汇兑本位制和固定汇率制度。各国货币与美元保持固定汇率，美元同黄金保持固定兑换比率。朝鲜战争和越南战争后，美国贸易和财政赤字俱增，黄金大量外流，美元和黄金脱钩，布雷顿森林体系瓦解。1973年至今，实行以美元为本位的固定汇率制或者浮动汇率制。

任何国际货币体系都必须能够行使两大功能：提供足够的流动

性和调整国际收支平衡。然而，2008年国际金融危机爆发后，2009年联合国授权建立的"斯蒂格利茨委员会"指出，美元本位的现行国际货币体系存在三大缺陷。一是通货紧缩倾向。为了避免经常项目逆差导致货币危机、经济危机和金融危机，非储备货币国需要积累相当数量的外汇储备，从而削弱了其购买力。如果经常项目顺差国不相应增加支出，全球的总需求就会因为经常项目逆差国的单方面调整而减少，全球经济由此陷于衰退。二是不平等性。实行浮动汇率后，非储备货币国特别是发展中国家大量积累外汇储备，浪费了大量本应该用于消费和投资的实际资源，造成全球资源配置的不平等。同时，美国消耗了大量发展中国家提供的实际资源，却不担心还本付息。三是不稳定性。浮动汇率制下汇率大幅波动和持续失调成为常态。当前全球货币政策分化加剧，跨境资本流动日益复杂，外汇波动幅度不断扩大，自由浮动汇率制度无法确保本国金融安全和汇率稳定。总之，美元和美国资本市场的广度和深度使得美国宏观政策产生了"非对称性"的外溢效应。

（二）全球价值链重构

关于全球价值链重构的概念，我们从四个层面分层来引入：第一个层面是"什么是价值链"，第二个层面是"什么是全球价值链"，第三个层面是"什么是价值链重构"，第四个层面是"什么是全球价值链重构"。

"价值链"的概念最早出现在20世纪60年代关于矿业出口的文献中（Park，Nayyar and Low，2013）。迈克尔·波特（Michal Porter）于1985年把这一概念引入竞争优势研究中。波特指出，企业进行价值创造由基本活动（生产、营销、运输和售后服务等）和支持性活动（原材料供应、技术、人力资源和财务等）两个部分组成，基本活动和支持性活动相互联系，构成了价值创造的行为链条即价值链

（企业价值链）。波特对价值链的解释较为具体和全面，也非常具有权威性。

关于全球价值链比较权威的概念是联合国工业发展组织的描述，它强调了全球价值链是一个全球性跨企业的网络组织，是在全球范围内链接了原料采集和运输、中间品和产成品的加工组装和分销以及最终消费和回收处理的全部过程。该定义特别关注了作为参与者的企业所从事的活动的流程和链接方式，以及企业的链接和价值分配等方面的特征。全球各地的企业根据自身优势和特点参与全球价值链，从事研发、设计、加工、生产、品牌塑造、营销服务等系统性的价值增值活动。"微笑曲线"生动地描述了研发、制造和营销三者之间的关系，全球价值链由位于中间底部的加工制造环节以及曲线两端的研发、设计和品牌、营销三个环节组成（见图1-2），位于底部的加工制造环节资源消耗大、附加值低，两端的研发、设计和品牌、营销环节附加值高、利润空间大。

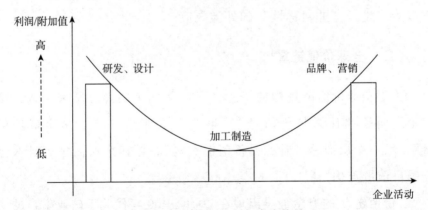

图1-2　微笑曲线：全球价值链

就第三个层面来说，关于"价值链重构"的含义，容易联想到"价值链升级"或"价值链攀升"。价值链升级代表着参与价值链分工的主体为了提升其价值链分工地位进行的价值链位置自下向上的资源配置的调整活动。价值链重构是指在价值链升级无法实现的前提下，随着技术更新、市场空间变化、组织结构变革、管理和商业模式升级，全球价值链分工体系中的各参与主体主动寻求资源重新配置的过程，是对原先价值链的调整和改变，是对传统价值链的生产体系、分工模式以及盈利模式的解构，以达到利益分配尽可能平衡的目的。由此可见，相较于价值链升级，价值链重构更强调对原有价值链的改造和重置。

关于第四个层面，"全球价值链重构"（restructuring of global value chains）的概念由 Gereffi（1999）首次提出。全球价值链重构主要强调全球范围内不同国家的利益相关者，为了解决经济体之间的国际分工、价值链定位问题，形成某种行动方案和达到某种目标而开展的一系列博弈行为。关于全球价值链重构的含义的完整解释是：新兴经济体唯有打破现有国际分工模式才能脱离现有价值链低端环节，而打破现有国际分工模式需要具有核心竞争力和掌握价值链话语权（Bell and Albu，1999）。全球价值链重构是在原先的由发达国家企业主导的国际分工格局的基础上，处在价值链中低端的新兴经济体企业的利益诉求得不到满足，导致资源分配重置的过程。事实上，由于资源配置和资源重置必然存在竞争关系，全球价值链重构过程中势必存在外部障碍，特别是发达经济体对新兴经济体价值链攀升的阻碍。

第二次世界大战后，全球性跨企业生产、销售的全球价值链逐步形成。在全球价值链构建初期，新兴工业化国家或发展中国家的企业利用低要素成本的比较优势，承担了加工、组装、制造等低附加值业务，获得了发展机遇和实现了经济快速增长。然而，随着成本优势的逐步弱化甚至消失，新兴经济体依靠高投入、高消耗、高排放、低利润的方式参与全球价值链的方式难以持续；与此同时，发达国家的跨国公司主要从事研发设计、品牌管理、营销服务等高附加值环节，对新兴经济体的生产施加了"低端锁定"的压力。在此背景下，长期处于价值链中低端的新兴经济体企业存在向价值链高端环节转型和升级的动力和需求，试图通过打破原有的国际分工格局，通过塑造全新的全球价值链分工模式，提升自身的价值链地位和获取更多的贸易利益。

（三）贸易摩擦

"贸易摩擦"在《辞海》中的定义为："国家之间在贸易活动中产生的争夺和斗争。在关税总协定和世界贸易组织等多边协调机制建立以前，贸易摩擦主要表现为各国相互提高关税、互设贸易壁垒、贸易报复等。在世界贸易组织多边纪律约束下，主要表现为成员国之间互相采取的反倾销、反补贴、保障措施等单边贸易救济措施和其他隐性的贸易壁垒。"贸易摩擦依赖国际贸易而生，属于经济现象范畴，主体可以是企业，也可以是国家，性质可能是温和的，也可能是激烈的；一般来说，贸易摩擦升级到一定程度通常被称为贸易战。贸易摩擦的产生除了经济因素外，还包括政治因素、文化因素乃至军事因素。

国际产业转移、价值链分工与国际贸易发展是经济失衡和贸易争端产生的根本原因（赵放和冯晓玲，2006）。大量的经常账户顺差引发国际贸易纠纷频繁不断，中国"大进大出"的外贸特征掩盖了产品价值真实的国际分配内涵。从全球经济失衡和价值链重构的发展现状来看，经常账户失衡背后的国际资本流动带来了产业结构调整和技术研发，促进了全球价值链解构和重塑，进而导致参与国际贸易主体间收益分配的变化，引发了贸易争端和逆全球化。因此，本书在考察全球经济失衡与价值链重构之间关系的过程中，侧重考察贸易争端尤其是中美贸易争端背后的国际分工格局变化因素。因而，我们对贸易争端的定义更加强调，全球经济失衡造成一部分经济体积累了大量外汇，另一部分经济体使用这部分外汇在全球进行投资，进一步促进了产业结构调整和技术创新，进而催生的国际分工格局调整和变化引发了贸易摩擦行为。

　　本书在全球经济失衡背景下价值链重构的逻辑框架内，探索中国参与国际分工格局的相对变化与中美贸易争端之间的事实特征和内在逻辑关系。基于此研究内容和研究目的，对贸易摩擦的界定与胡方和彭诚（2009）提出的概念契合度最高。具体的解释如下：一是贸易摩擦发生的直接原因在于贸易双方相对利益的变动；二是贸易摩擦的发起方通常为国家利益受到伤害的一方，或者说是自认为利益受到损害的一方，目的是增加自身利益，或者减少对方的利益，从而促使与贸易伙伴之间的贸易行为向有利于自身利益的方向调整；三是贸易摩擦表现为一方通过贸易干预措施来影响与贸易伙伴之间的正常贸易往来。

第二章　理论基础与文献综述

本章聚焦全球经济失衡、价值链重构与国际贸易争端的逻辑关系，涉及的相关理论主要包括国际分工理论、新贸易理论和新新贸易理论、全球价值链理论与贸易保护理论等。就相关主要理论做了梳理，归纳了全球经济失衡的形成机制和影响效应；同时，重点介绍了全球价值链重构的主体和动因，分析了全球价值链与贸易保护主义、全球价值链分工与中美贸易争端的关系，旨在探究其中可能存在的问题，为本书的后续研究奠定基础。

第一节　理论基础

（一）国际分工理论

贸易的基础是分工。1776 年，亚当·斯密在《国富论》开篇提出的分工理论被认为是国际分工理论的萌芽和雏形。亚当·斯密认为分工提高了生产效率、丰富了物品生产，催生了贸易。国际分工理论从产业间分工理论、产业内分工理论发展到产品内分工理论。

（1）产业间分工理论。产业间分工理论是在亚当·斯密的绝对优势理论、大卫·李嘉图的比较优势理论以及赫克歇尔和俄林的要素禀赋理论的基础上发展起来的。绝对优势理论认为国际贸易的主要原因在于国与国之间的绝对成本差异，各国按照本国的绝对优势形成国际分工格局，向国际市场提供交换产品。1817 年，大卫·李嘉图在《政治经济学及赋税原理》一书中提出比较优势理论，认为国际贸易产生的基础是生产技术的相对差别，以及由此产生的生产产品的机会成本的差异。每个国家生产并出口具有"比较优势"的产品，进口具有"比较劣势"的产品。比较优势理论创立的 100 年后，赫克歇尔（1919 年）和俄林（1933 年）先后从生产要素投入比例的差异出发解释了比较优势的产生，提出了赫克歇尔-俄林要素禀赋理论，认为两个国家即使各个生产部门技术水平相同，但生产要素存量的不同以及资源禀赋质量的差异都会影响一国的产业结构和对外贸易。由于要素禀赋的不同，要素价格具有差异性，产品生产在不同区域存在生产成本差异。因而，各参与分工主体将依照自身的禀赋优势进行分工，获取比较利益。

（2）产业内分工理论。20 世纪 40~50 年代，以电子计算机、原子能和生物工程为主要标志的第三次科技革命，涵盖信息技术、新能源技术、新材料技术、生物技术、空间技术和海洋技术等诸多领域，扩大了产业间分工的专业化差异。同一部门不同产品的多样化和差异化得到快速发展，产业内部不同产品的国际分工形式逐步出现，国际分工的形式分为水平型和垂直型两种类型：水平型分工指的是经济技术发展水平大体接近的国家或地区之间的分工；与之对应，垂直型分工指的是经济技术发展水平悬殊的国家或地区（如发达国家与发展中国家）之间的分工。前者的生产主体在要素投入、产品属性、价格等方面均相似，主要是生产区域分布的不同；后者强调包含技术和附加值程度差异的最终产品生产的分工。

（3）产品内分工理论。20 世纪 90 年代以后，科技和信息技术发展迅速、经济全球化逐步深入，产品的生产过程被分割得更加细化，不同经济体根据自身在产品不同生产阶段或不同零部件生产上具有的比较优势参与到国际分工中，由此产生了产品内分工理论。产品内分工理论是产业间分工理论和产业内分工理论在产品不同工序分工层次上的结合和延伸。伴随着生产产品的中间产品种类的增加，产品内分工便发展成为以中间产品或零部件为主要形式的分工。为此，产品内分工理论有三个核心假设：产品的生产过程可以在广泛的地域内进行拆分；各生产环节所消耗的要素量是非均衡的；要素具有异质性，并且某些要素具有非流动性和不可替代性。产品内分工促进了不同经济体通过发挥自身比较优势，利用规模经济提高生产效率，从而有助于改善双方福利状况。

从国际分工理论的发展和演变过程（见图 2-1）来看，从产业间分工理论、产业内分工理论到产品内分工理论，分工理论的深化推动了全球价值链理论的形成，分工方式的发展促进了世界经济和贸易的发展，深化和扩展了全球价值链网络，促进了多种国际分工形式的出现，如全球价值链分工、对外投资、全球外包等。各国通过发挥本国比较优势，参与国际分工与国际竞争，并且获取不同份额的贸易利益。在以全球化为条件的国际分工中，发达国家占据价

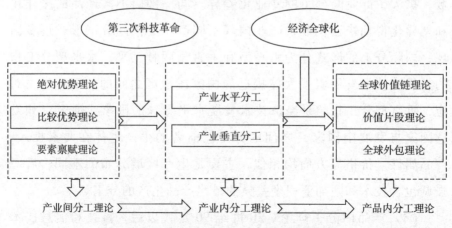

图 2-1　国际分工理论的发展和演变过程

值链分工的主导地位，凭借自身领先的技术处在价值链附加值高的环节，发展中国家通过低成本优势嵌入全球价值链、参与国际分工，从而获取技术进步和经济发展。

（二）全球价值链理论

1985年，迈克尔·波特在著作《国家竞争优势》中率先描述了价值链的概念，他指出企业主要通过参与设计、生产、物流、营销、售后等基本活动或技术支持、人才培养、原材料采购等辅助活动两类不同但又相互关联的经济活动来创造价值，形成一条能够为公司创造价值的生产链，即价值链。波特陈述的价值链侧重从单个企业的角度来分析企业价值链上的各个价值创造环节和竞争优势，企业之间价值链各环节的联系及其对企业竞争力的影响。在波特的基础上，Kogut（1985）的价值链理论认为价值链是原料、劳动和技术结合的投入，通过装配和生产形成最终商品，并通过市场交易、消费等实现价值不断循环的过程，强调了单个企业只参与价值链中的某一环节，在价值链环节企业之间存在相互联系和竞争关系，并且这种关系也存在于不同的经济体之间。

20世纪90年代，在价值链研究的基础上，美国杜克大学教授Gary Gereffi（1994）首次提出了"全球价值链"的概念，将全球价值链和生产的全球组织与协调联系起来。他认为全球价值链是通过将分布在全球各地的企业联系起来组织在一个生产一体化的网络中形成的诸多活动。克鲁格曼（Krugman，1995）将全球价值链理论运用到企业生产过程的分割和空间布局分析中，探讨了企业将价值链各环节在全球进行空间布局的能力，突出了对价值链治理模式与产业空间转移两者关联性问题的研究。他认为低技术水平经济体通过参与全球价值链，获得了学习先进技术、提升创新能力和生产力的机会，但是，价值链中各环节的附加值存在差异，加工组装等劳动密集型环节的附加值和利润低，研发、设计、营销等技术密集型环节的利润较高，全球价值链下的利益分配存在不均衡。

进入 21 世纪，Arndt 和 Kierzkowski（2001）使用"片段化"（fragmentation）来描述生产过程的分割现象，同一价值链条上生产过程的各个环节通过跨国界生产网络被组织起来，这一跨界生产可以在一个企业内部完成，也可以由许多企业分工合作完成。Gereffi、Humphery 和 Sturgeon（2005）分析了全球价值链治理模式，指出影响治理模式选择的重要影响因素主要为交易的复杂程度和正规化程度及基地供应能力，并据此对发展中国家经济发展、就业创造和产业升级进行了探讨。

从全球价值链理论的形成和发展中可以看出，全球价值链是伴随价值链空间分化和延伸而产生的，全球价值链生产方式使得原来单一产品集中生产的模式开始被同一产品内部不同生产环节的分工所替代，由此带来的产品内国际分工开始在全球价值链内部不同的工序和流程之间展开。

（三）新贸易理论与新新贸易理论

新贸易理论主要是二战结束后，特别是 20 世纪 80 年代以来，为解释新的贸易现象而产生的国际贸易理论，其中最主要的代表人物是克鲁格曼。克鲁格曼（Krugman，1980）将贸易成本、不完全竞争市场结构、规模报酬引入贸易活动中进行分析，认为国家之间即使没有比较成本的差异，但通过集聚效应产生规模经济也可以引发贸易行为。随后，Markusen（1985）等将技术差异、干中学纳入国际贸易框架来分析经济增长问题。此外，弗农（Raymond Vernon）的"产品周期"学说、林德（Staffan Linder）的"需求变动"理论以及后期的战略性贸易理论等，都是新贸易理论的范畴。熊彼特（Joseph Schumpeter）于 1912 年在《经济发展理论——对于利润、资本、信贷、利息和经济周期的考察》一书中阐明了科技与创新政策的重要性，随后发展的新熊彼特理论的标准化原则认为，技术创新、组织创新、制度创新、社会创新是社会经济系统的未来发展动力，创新可以提高和扩大经济主体参与国际分工的地位和范围，对贸易活动的发展有着重要作用。

新新贸易理论是近年来贸易理论研究的前沿，是打破传统贸易理论和新贸易理论关于企业同质性的假设，做了更为符合现实的企业异质性（firm heterogeneity）假设，将贸易理论从国家层面、产业层面深入微观企业层面。企业异质性体现在企业规模、生产率、组织结构、工资水平、资本密集度、所有权、企业历史等多个方面。鉴于企业异质性的假设，新新贸易理论主要有两个研究分支。一支是以 Melitz（2003）为代表的异质性企业贸易理论，该理论在克鲁格曼模型的基础上，引入了企业生产率的异质性和固定进入成本两个变量，试图解释在同一行业内，拥有不同生产率的企业在利润最大化时的不同选择，即为什么有的企业会从事出口，而另一些没有；进而还分析了贸易自由化对行业生产率的微观影响机制。另一支是以 Antras（2003）为代表的企业内生边界理论，该理论研究的主要是，在契约不完全的前提下，企业如何选择自身的产业组织形式，即跨国公司的内生边界问题，从而解释是什么因素决定了企业在公司内贸易、市场贸易以及外包等形式上做出选择。

综上所述，目前主要的国际贸易理论涵盖传统贸易理论（即国际分工理论）、新贸易理论和新新贸易理论三个方面（见表 2-1），随着分工与贸易的不断发展和研究的深化，国际贸易理论也在不断完善去更完整、更全面地解释现实贸易在发展过程中表现出的新特征。

表 2-1　传统贸易理论、新贸易理论与新新贸易理论的比较

贸易理论	假设前提	主要结论
传统贸易理论	完全竞争市场、规模报酬不变、企业同质性、产品同质性	贸易产生的主要原因：技术和要素禀赋差异 主要贸易模式：产业间贸易
新贸易理论	不完全竞争市场、规模经济、企业同质性、产品差异化	贸易产生原因：市场结构差异、规模经济和产品差异 主要贸易模式：产业内贸易
新新贸易理论	不完全竞争市场、规模经济、企业异质性、产品差异化	异质性的企业可以有不同的选择 解释了企业内贸易、产业内贸易和产业间贸易

资料来源：根据李春顶的《新—新贸易理论文献综述》（《世界经济文汇》2010 年第 1 期）整理。

（四）贸易保护理论

贸易保护是与自由贸易相对的一种理论意识和政策措施，是经济学中最古老和最能引起争议的问题之一（伊特韦尔，1996）。从国际贸易理论的发展来看，贸易保护理论是西方国际贸易理论史上最早的学说；从现实来看，从特定部门的双边贸易争端到多边的贸易争端问题，国家间的经贸关系经历着前所未有的变化。贸易保护理论的发展为贸易争端提供了更贴近现实的理论解释。

1. 传统贸易保护理论

传统的贸易保护理论包括重商主义贸易保护理论、幼稚产业保护理论和新重商主义。早期的重商主义强调国际贸易政策应该是通过行政或法律的手段禁止货币外流，增加国内货币的积累，强调国家干预对外贸易（罗尔，1981）。李斯特在《政治经济学的国民体系》中建立了完整的幼稚产业保护理论体系，认为自由贸易理论忽视了国家利益是国家落入灾难的原因，必须对经济实行强有力的干预以保护国家的经济利益。这一理论经过穆勒、肯普和小岛清等人

的发展，最终形成一套系统的贸易保护和政府干预理论（小岛清，1987；Johnson，1953）。新重商主义强调为了保障本国经济利益必须实行贸易保护政策，而一国的贸易保护又会遭到伙伴国的报复，由此引发的贸易保护主义盛行以及互相报复的贸易战，最终导致世界贸易量减少或贸易停滞，对各个国家都有害无益。

2. 新贸易保护主义

1973年以后，西方国家加强了对经济的干预，采用扩张性的财政政策和货币信用政策应对经济危机和刺激经济增长，更加重视保护国内产业而减少贸易行为，各国贸易政策开始收紧，逐步采取了以管理为主的贸易保护主义手段，货币供应量增长超出需求量，导致物价进一步上涨，引发了全球性的贸易保护浪潮。与此同时，《关贸总协定》的关税壁垒政策在各成员国间达成基本共识。绿色壁垒、技术壁垒以及社会责任壁垒等与现行WTO主导的多边贸易体制并无矛盾的贸易保护政策工具逐渐兴起。

新贸易保护主义的代表性理论包括以规模经济和不完全竞争为逻辑的战略性贸易理论（Brander and Spencer，1981），以及地区经济主义新贸易保护论、管理贸易论（Bagwell and Staiger，1990）和公平贸易论等。新贸易保护主义采取的贸易壁垒在早期为一些发展中国家保护国内弱势产业提供了一定的便利条件，但各种非关税壁垒逐渐导致发达国家提高了其市场准入标准，从而抑制了发展中国家的产品竞争力。尤其是发达国家刻意提高技术标准、安全标准、环境标准、质量标准以及其他市场准入标准，目的就在于在执行标准细化的过程中，以更隐蔽的形式增强贸易保护的功效。

现阶段的新贸易保护主义具有名义上的合理性、形式上的隐蔽性、手段上的欺骗性等特点，并向着战略上的进攻性逐渐发展。Gilpin（1975）提出当世界体系的边缘地区经济充分发展到足以脱离对核心地区的依附，并使投资条件有利于边缘地区发展时，核心国家就会采取保护主义的经济策略。Tibbitts（1978）认为，在国际政治经济霸权的周期变化中，处于霸权上升期的国家主张国际政治经济的开放，而处于霸权衰落期的国家则更倾向于频繁采取保护主义的措施。Temple（1942）从国家福利的角度出发，认为当一个工业化国家与经济落后国开展贸易活动时，前者能够从后者的新产业发展中受益，但当后者的生产力水平超过某一发展状态时，前者出于对本国利益的考虑就会采取贸易保护措施。

第二节　全球经济失衡的形成机制与影响效应

（一）全球经济失衡的形成机制

全球经济发展不平衡背后必然有着内在的形成逻辑。2008 年金融危机前后，全球经济失衡规模达到峰值，国际贸易不平衡、贫富悬殊及利益分配不均衡等多层次矛盾不断积累和凸显，全球经济发展的不确定性不断增强。关于全球经济失衡，已有大量研究文献，如 Bernanke（2005）的储蓄过剩观点，Dooley、Subra 和 Anderson（2002）的布雷顿森林体系 II 观点，Hausmann 和 Sturzenegger（2005）的金融暗物质观点，Caballero、Farhi 和 Gourinchas（2008）的全球"硬资产"短缺观点等。Bagnai（2009）总结了全球经济失衡的三个角度：一是储蓄-投资角度，考察储蓄与投资结构对全球经济失衡的影响；二是国际贸易收支角度，考察国际贸易变动和流动如何影响全球经济失衡；三是全球资产组合角度，从全球金融资产的变动来考察全球经济失衡。全球经济失衡的形成机制主要集中在经济因素（基于传统比较优势的国际分工、金融市场发展差异）和制度因素（现行的国际货币体系、投资与储蓄结构失衡）方面。

1. 基于传统比较优势的国际分工

全球经济失衡是全球经济结构调整与国际分工格局长期演变的结果。二战后，美国引领全球产业结构和经济结构进行了根本调整，形成了美国产业结构和经济结构的优势，引致其他国家产业根据自身比较优势进行调整和变化，这是长期以来美国经常账户持续逆差的根本原因（李晓和丁一兵，2007）。在这个过程中，经济全球化得到不断发展，全球产业的不断升级以及落后产业在国家间的不断转移使全球贸易失衡成为必然（刘光溪，2006）。张幼文（2006）从要素流动角度研究了国际分工对全球经济失衡的影响：资本、技术、品牌、优质的人力资本、跨国企业组织等要素流动性强，劳动力、土地、自然资源等基本不能或很难实现跨国流动，那么就产生了生产能力由高级要素国家流向低级要素国家、生产加工能力和出口能力向低级要素国家集中，金融财富向高级要素国家流动。要素的流动方向表明了全球经济失衡是世界经济分工的结果（姚洋和余淼杰，2009），各国根据自身比较优势融入全球化中，并随要素流动固化和加强这种优势。

目前的全球经济失衡，主要赤字方是美、英等国家，盈余方为传统制造业强国（德国和日本）、新兴工业化国家（特别是中国）和石油输出国。美、英等国家金融市场特别发达，制造业"空心化"，中国等新兴工业化国家利用廉价且高素质的劳动力发展了制造业，石油输出国的石油收入远超其消费品的进口支出。Cooper（2006）关注了美国金融业的相对比较优势，雷达和赵勇（2009）的分析发现中美两国分别在制造业和金融业方面具有优势，从而在两国间发生了贸易并带来贸易差额。徐建炜和姚洋（2010）构建了金融行业与制造行业的比较优势指标，通过分析1990~2005年45个国家的行业特征，发现国际资本流动是由金融业的资本供给能力和制造业利用资本的效率来决定的，全球经济失衡是国际分工的结果。

胡超和张捷（2011）以及 Barattieri、Basu 和 Gottschalk（2014）的研究结论是，具备服务业发展优势的经济体表现为国际贸易逆差，具有制造业发展优势的经济体表现为贸易顺差。全球经济失衡的主要表现是贸易的不平衡（茅锐和张斌，2013）。

以上研究表明，全球经济失衡实际上是国际产业分工和比较优势发挥的一个具体表现和结果，是经济全球化的一个内生矛盾（张燕生，2012）。

2. 金融市场发展差异

这里讨论的金融市场发展差异，包含金融市场效率差异、金融体系的完善程度差异、金融对外开放程度差异，以及美元成为全球储备货币的差异。Kletzer 和 Bardhan（1987）以及 Baldwin（1989）最早将金融比较优势因素融入国际分工理论进行全球经济问题分析。Hausmann 和 Sturzenegger（2005）将导致经济失衡的美国因素归结为，通过对外直接投资推动了知识和技术的流动，又通过向全球提供美元加大了全球的流动性，并且凭借美元信用获得资产杠杆，再利用信用溢价发行国债低成本借入资金引导全球资金流向。不仅如此，美国资本市场具有的强流动性特征，以及美元资产的兑换刚性，为其他国家保持贸易顺差提供了条件（朱民，2005）。

Chinn 和 Prasad（2003）通过对 71 个发展中国家和 18 个工业化国家的金融与贸易关系进行分析发现，对于发展中国家来说，金融深化的程度和贸易的开放水平均显著正向作用于经常账户余额，但该结论对于发达国家不成立。Caballero 和 Krishnamurthy（2006）认为，发展中国家较高水平的储蓄和金融市场特点加大了对美元资产的需求，美元在国际储备货币供给中的垄断地位以及美国较成熟的金融市场和较完善的投资环境，给发展中国家资本账户赤字提供了投资土壤。Mendoza、Quadrini 和 Rios-Rull（2007）认为金融发展水平决定了消费者分散风险和借贷的能力，国际资本流动引发了经济失衡。Gruber 和 Kamin（2008）通过对 84 个国家 1984~2006 年相关数据的分析发现，投资收益率较低的国家往往表现为经常账户盈余或资本账户赤字，反映了金融水平较发达的经济体更有可能出现国际贸易赤字。Forbes（2008）重点分析了金融深化和流动性对全球货币的使用和一国金融负债的需求的影响，Caballero、Farhi 和 Gourinchas（2008）认为中美之间贸易差额的存在在于中美两国金融市场发展存在差距。祝丹涛（2008）认为中国存在外贸盈余的原因在于金融市场的低效率以及"金融中介"的功能缺失。

3. 现行的国际货币体系：美元路径依赖

国际货币体系因素在 Dooley、Folkerts-Landau 和 Garber（2003，2004）提出的"复活的布雷顿森林体系"假说（也称 DFG 假说）之后，也被纳入全球经济失衡的研究框架内。DFG 假说认为，现阶段的全球经济失衡问题与 20 世纪 50~60 年代布雷顿森林体系运行时的情形相似。

1973 年 3 月后，浮动汇率制度逐渐生效。《牙买加协议》生效后，美国、英国、德国、日本开始正式实行浮动汇率制度，并逐渐发展成为实行"有管理的浮动汇率制"。美国通过印刷美元从亚洲国家进口大量消费品，在中国、日本等国外汇储备增加的同时，美国的贸易赤字扩大，于是美国继续印刷美元填补赤字，并且通过发行债券出售给中国和日本，使得美元再次流回美国，即"新布雷顿森林体系"（也称"布雷顿森林体系Ⅱ"）形成。如此，美元成为中心货币，并且享有无限的发行和流通功能，其他国家持有大量美元，或者将本币盯住美元，美元成为国际中心货币。

陈炳才（2007）认为，全球经济失衡是美元境外发行的必然结果，美国经常项目逆差是现行国际货币制度的结果，而不是美国储蓄水平低的结果。黄晓龙（2007）运用非瓦尔拉斯均衡方法，对非均衡的国际货币体系对全球经济失衡的影响进行了分析，认为以美元为中心的货币体系以及美元在贸易活动中的结算功能造成美元汇率高估，导致美国经常账户出现持续逆差。同时，美元的支配地位决定了美国在全球经济失衡中的重要分量。彭刚和苗永旺（2010）认为美元本位制下的美元特权是全球经济失衡的决定性因素，维持了全球经济失衡的惯性增长。拥有这种主权货币特权的国家被视为拥有金融霸权的国家，当前全球经济失衡的出现实质上是东亚经济依附于美国经济霸权的必然结果。李素琴（2009）则以美国经济过度虚拟化为全球经济失衡的基础，认为美国金融的绝对优势是全球经济失衡的重要原因。中国经济增长与宏观稳定课题组（2009）也支持了该观点，认为当前以美元为中心的国际货币体系是全球经济失衡的关键因素。王道平和范小云（2011）建立了一个以一国主权货币作为国际储备货币的国际收支分析框架，认为非主权货币国对储备货币需求的增长和货币主权国资本流出之间的供求矛盾，使得货币主权国通过资本账户盈余的方式供给国际储备货币，另一方只能选择经常账户盈余，由此导致全球经济失衡。

4. 投资与储蓄结构失衡

投资与储蓄结构失衡对全球经济失衡的影响表现为：若一国出现储蓄缺口，即投资大于储蓄，该经济体便会通过吸引他国储蓄追求投资与储蓄的平衡；若投资小于储蓄，储蓄出现剩余，该经济体就会选择将储蓄转移到其他国家实现投资收益（李扬和殷剑峰，2005）。从投资与储蓄不平衡的角度分析美国经济失衡的主要研究：一是"双赤字说"，二是"国内低储蓄率说"。双赤字说（Feldstein，1993）的观点认为美国的财政债务与经常账户赤字之间具有显著正向关系，预算赤字的增加使得美元利率上升，国际资本流入、本币升值，导致美国经常账户赤字。国内低储蓄率说认为美国国内的高消费、低储蓄是美国国际收支失衡的重要原因。较低的储蓄率导致国内投资不足，出口能力减弱，最终造成经常账户赤字。

投资与储蓄不平衡理论中最有影响力的是 Bernanke（2005）提出的"全球过度储蓄说"（global savings glut），他将经常账户失衡的原因指向了亚洲国家，认为亚洲新兴经济体尤其是中国的过度储蓄、不断增加的投资和出口导向经济发展方式是美国贸易赤字的原因；除此之外，Bernanke 认为新兴国家通过出口获得的外汇储备又流入美国，给国内的高消费、低储蓄和资产价格泡沫提供了充裕的客观条件。祝丹涛（2008）通过对由人口年龄结构国别差异引致的各国储蓄和投资的差异性进行分析，认为各国人口年龄结构的相对差异在一定程度上决定了各国经常项目在全球的相对位置。人口红利在国际贸易中特别是加工贸易中可以降低劳动力成本，改变产业结构；同时，人口年龄结构的相对差异会影响储蓄和投资的分配。由于金融业欠发达，中国提高了储蓄率，而较好的经济状况、全球最大的金融市场以及美元的国际储备货币地位，使得美国成为资金的最好投资地，全球过剩的储蓄流入美国压低了美国利率；同时，汇率上升抑制了美国出口，增加了美国进口，导致美国形成大量的对外贸易逆差（麦金农，2005）。

（二）全球经济失衡的影响效应

当前世界经济处于重大变局之中，从全球经济失衡的角度考察国际经济环境、国际分工趋势、国际经贸关系尤其是中美大国关系，是观察世界经济的重要视角。从目前的研究脉络来看，关于全球经济失衡的影响效应的研究并不多见，结合本书的研究目的，我们就以下方面的研究进行梳理和回顾。

1. 贸易失衡与产业冲击

在中美贸易失衡与产业冲击方面，主要围绕贸易与产业结构调整、贸易对就业的影响展开研究。Kliesen 和 Tatom（2013）认为贸易失衡对美国制造业的正向影响更明显，产品进口极大地促进了制造业升级。部分学者对中美贸易与产业的发展进行研究，认为贸易对产业升级和就业有正向效应。张晓明和董敏杰（2010）以及陈心颖（2012）认为中美贸易失衡对美国产业升级和总体就业稳定增长起到了促进作用。在负面影响方面，有学者认为中美之间的巨额贸易差额给美国产业带来一定程度的冲击。Bernard、Jensen 和 Schott（2006）以及 Pierce 和 Schott（2012）指出中美贸易失衡使得美国大量工厂倒闭，工人面临失业。Baily 和 Bosworth（2014）认为美国的贸易赤字对美国制造业拉动就业产生了负面影响。David、David 和 Hanson 等（2013）同样认为，美国巨额的贸易赤字冲击其产业发展，削弱了就业，降低了家庭收入，并且增加了美国的劳动力成本和各州的转移支付等公共支出，给社会福利带来了巨大损失。Bamieh、Fiorini 和 Jakubik（2017）对 Darid 等人的研究进行了补充，指出中国出口对美国制造业就业的影响取决于美国制造业中投入服务的强度，投入服务多的制造业部门就业减少不明显。

罗伯茨（2001）指出，虽然美国对外贸易出现严重的贸易逆差，但不会影响美国经济利益。沈国兵（2005）认为，美国在中美贸易失衡中可以获得超额利润。黄族胜（2008）指出美国在全球经济失衡的情况下依然使用扩大外部失衡的经济政策，原因在于美国可以获得宏观经济利益。另外，全球经济失衡推动了美国金融行业和实体经济的发展，抑制了国内通货膨胀。刘建江、闰超和袁冬梅（2005）以及彭斯达、陈继勇和潘黎（2007）指出美国对外贸易逆差对金融行业发展有推动作用，从而实现美国经济增长。William（2005）以及 Gourinchas 和 Jeanne（2007）指出 2002~2004 年美元对外贬值使美国对外债务缩水，相当于美国以更便宜的价格使用国外经济资源。在美元回流到美国后，美国使用回流美元对外投资，其收益高于贸易顺差国家持有的美国美元金融资产。King 和 Levine（1993）以及 Rajan 和 Zingales（1998）的实证研究结果表明了美国金融行业的发展对国内经济的促进作用。从中国来看，王艳（2008）指出中美贸易发展推动中国进口能力提升，增加了政府财政收入，从而使得中国经济迅速发展。

2. 贸易失衡与美国对华贸易政策制定

不少学者认为，美国产业受到中国出口冲击是美国各界向政府施压的有力武器。屠新泉（2007）提出中美贸易失衡让美国各界非常敏感，尤其是对美国夕阳产业的冲击，并影响政府制定对华贸易政策。冼国明和张岸元（2004）认为随着中美产品竞争的增强，美国相关利益方将在中美贸易问题上寻求保护，这将影响美国对华贸易政策。张建新和谢静怡（2014）指出"公平货币联盟"是在人民币汇率问题上向政府施压的主力军，其目标是消除人民币汇率低估对美国产业造成的损害，美国将汇率纳入中美对话的重要议题并促成《舒默-格雷厄姆修正案》的提出。

在错综复杂的国际环境中，美国对华贸易政策的制定既有国家利益的总体考虑，也有美国利益集团的关切，还有意识形态方面的考虑，这些因素在美国对华贸易政策中扮演着不同角色。美国国家利益不仅是对外贸易政策制定的核心，还是对外贸易政策制定的根本。余万里（2013）认为利益集团对美国对外政策制定有显著的影响力，影响美国对外政策的决策者行为和对外政策的制定与执行过程。Alden 和 Schurmann（1990）认为在美国外交政策中，意识形态对决策起着约束和创造作用，成为内政外交的指导。Kissinger（1997）指出美国对其意识形态充分自信，认定其价值观是放之四海而皆准的真理。然而，中国特有的意识形态削弱了美国的自信，使它在对华贸易政策制定上有专门的考虑（姜安，2004）。

（三）中国贸易失衡的成因分析

中国是经常账户盈余的代表经济体，且盈余规模巨大。关于中国贸易顺差成因的分析较多，多数学者将之归因于多因素作用的综合结果。基于此，本部分从比较优势论、外部市场因素、宏观经济因素角度展开分析。

1. 比较优势论

中国出口增长主要得益于劳动力成本的比较优势，该优势来自充沛的劳动力，随着经济发展和人力成本的提升，这种比较优势逐渐弱化。周江银（2008）以及王记志和廖湘岳（2009）等的研究得出类似结论，中国贸易顺差与劳动力数量充沛和价格低廉等比较优势直接相关。钟山（2009）认为中国贸易顺差的增长和持续是其国际竞争力不断增强的结果。中国发挥了劳动力丰富、工业配套齐全等综合优势，逐步形成全球高水平的制造业基地；同时，产业竞争力的提高对部分进口商品产生了替代效应。马建军和鲁晓东（2009）以及桑百川和李玉梅（2008）等认为，外商直接投资持续增加是中国外贸持续顺差的根本原因。外商直接投资对中国贸易顺差存在直接效应和间接效应：一是贸易创造效应，二是贸易替代效应。这两种效应直接或间接地增加了中国贸易顺差，扩大了外贸失衡规模。除此之外，劳动生产率增长也是中国贸易失衡的重要原因。改革开放后中国劳动生产率的增长速度快于工资率的增长速度，企业劳动力成本得到控制，出口得到了快速增长，同时经济过热下的政府调控加之人民币升值预期，带来进口下降，共同作用导致中国贸易顺差的增加（姚枝仲和刘仕国，2006）。蒋伊菲（2009）的研究发现，中国特殊的贸易结构是大规模贸易顺差的客观原因，中国进口以原油、原煤、天然气、技术设备为主，对外出口是以加工贸易和低附加值消费品为主。其中，加工贸易占中国进出口总额的一半以上。

2. 外部市场因素

影响中国贸易失衡的外部市场因素主要包括以下方面。第一，产品内分工和产业转移。马建军和鲁晓东（2009）认为，世界经济一体化打破了传统国家边界，生产要素可以在全球自由流动和配置，中国外贸顺差较大是经济全球化和国际产业转移的结果。经济全球化特别是基于产品内分工的加工贸易出口的增长，是 20 世纪 90 年代以来中国货物出口高速增长的一个重要因素。第二，国外需求。王晋斌和李南（2007）表示，中国外贸顺差增加主要由外需导致，外国经济结构与中国经济结构间的互补性决定了国际市场对中国商品和服务需求较大。谢建国和陈漓高（2002）发现，对于中国贸易收支而言，国外收入弹性超过 2.05，同期的国内收入弹性只有 0.48。外需是中国维持大量的贸易顺差的重要原因。第三，美元霸权。刘峰（2008）认为，中国国际收支顺差集中体现了美国的金融优势、美元本位政策以及美国在国际收支账户方面的国家根本利益，这是由美元霸权决定的国际利益分配格局。美元本位的金融霸权确保了资本长期流入美国，为其巨额国际收支逆差融资，同时也是导致中国巨额顺差的深层次原因。第四，贸易壁垒。王记志和廖湘岳（2009）以及钟山（2009）等发现，发达国家对中国的高技术出口管制措施是中国贸易顺差扩大的政策原因，出口限制影响了中国进口的选择。第五，统计差异。马建军和鲁晓东（2009）等认为，国外与中国的贸易统计口径差异是中国贸易顺差扩大的技术性原因。

3. 宏观经济因素

第一，储蓄-投资缺口。黄黎明（2004）以及马建军和鲁晓东（2009）等认为，中国外贸持续顺差凸显了中国储蓄相对过剩问题，内部储蓄相对过剩反映在外部经济上就是经常账户顺差。麦金农（2006）认为，中美双边贸易失衡肇始于两国储蓄率的不平衡，汇率调整无法改变中美两国的储蓄率。第二，货币政策。赵进文和高辉（2004）研究发现，货币供应量能显著影响净出口，进而影响贸易余额。卢佳、王义中和金雪军（2008）的研究进一步证明，中国货币供给可以通过影响"贸易信贷"和"汇率间接影响贸易信贷"两大渠道来影响中国的贸易平衡。第三，国内需求不足。邱询旻、于菁和熊豪（2008）认为，中国长期高投资、低消费导致贸易顺差，国内需求不足、产能过剩导致只能依靠出口寻找出路。第四，收入增长缓慢。赵文军和于津平（2008）发现，长期内中国贸易顺差与其实际资本存量及成本显著正相关，与家庭实际财富和政府支出显著负相关，中国贸易顺差的主要原因在于中国实际资本存量高增长与家庭实际财富低增长的错位。邱询旻、于菁和熊豪（2008）的研究表明，中国收入差距影响了国内需求，间接推升了贸易顺差。第五，进口替代因素。梁会君和史长宽（2007）认为，中国的高投资释放了生产能力，带来部分产品的进口替代及出口激增，加工贸易进口替代趋势尤其突出。随着中国不断加大上游产业投资力度，产能的逐步形成在一定程度上导致昔日的加工贸易"大进大出"转为"小进大出"。

（四）经济全球化与中美贸易失衡

关于经济全球化与中美贸易失衡关联的研究主要集中在外商直接投资、产业转移、美国对华出口管制、人民币汇率、贸易统计差异等方面，基于本节的研究目的和研究重心，下面将从外商直接投资、产业转移和美国对华出口管制三个方面对相关研究文献进行梳理。

1. 外商直接投资与中美贸易失衡

这方面的研究以 Mundell（1957）提出的贸易替代理论和 Kojima（1978）提出的投资与贸易相补理论为代表。Neary（1995）经过对贸易与投资不确定性的研究，提出投资与贸易之间不仅存在替代效应，也存在互补和互促效应，关键在于直接投资的动机。关于美国在华投资促进了中国对美国的出口、加大了中美贸易失衡的研究比较集中。除了美国对华投资，Fung 和 Lau（1998）提出东亚其他经济体对华投资也会扩大中美贸易失衡。外资企业生产出来的产品很大一部分用于对美国出口（刘威，2009）。东亚是以中国为出口平台向美国出口，所产生的贸易额计入中美贸易中，增加了中国对美国的贸易顺差。

实证研究方面，Zhang 和 Felmingham（2001）在量化分析后发现外商直接投资与出口之间存在相互影响的关系。王洪庆和朱荣林（2005）以及沈国兵（2005）认为外商直接投资与出口之间存在长期的均衡关系，且这种关系是双向的。美国在华直接投资与中美贸易失衡存在长期相关关系，美国在华直接投资和出口增加的比例是100∶73。杨韬（2011）观察了 1984～2009 年美国对华直接投资和中美贸易之间的关系，分析认为两个变量之间存在长期相关性，并指出美国对华直接投资对中美贸易有推动作用。

2. 产业转移与中美贸易失衡

东亚其他国家对中国的产业转移增加了中国对美国的贸易顺差，此类观点得到很多学者的认同。王锦锋（2005）指出国际产业转移是中美贸易失衡的重要因素，中国的外贸管理体制存在的漏洞和对外商投资的超国民待遇使得中国成为国际产业转移的重要市场，加大了中国对美国的贸易顺差。亢梅玲（2006）认为中国代替日本、韩国等东亚其他国家，生产并出口玩具、纺织品和机械电子等产品，是中国贸易顺差产生的主要原因。陈勇（2011）的研究同样表明，中国香港、中国台湾和韩国等将劳动密集型产业如纺织服装产业等转移到中国内地，在中国内地进行生产和加工，然后再出口到美国，这部分贸易被记录在中美贸易中，增加了中美之间的贸易顺差。

3. 美国对华出口管制与中美贸易失衡

就美国对华出口管制对中美贸易失衡的影响研究来看，李志军（1999）和周世俭（2005）指出，美国对中国巨额贸易逆差的实质是美国对华出口管制。Carbaugh 和 Hedrick（2009）研究认为，在对华高新技术出口管制政策下，美国出口到中国的高新技术产品比重从 2001 年的 18.3%下降到 2008 年的 8%，这加剧了中美贸易失衡。于铁流和李秉祥（2004）认为，美国未按照传统贸易理论向中国出口高新技术产品，导致中美之间商品的双向流动变成了单向流动，从而造成美国的巨额贸易逆差，美国的出口限制才是中美贸易失衡的根本原因。沈国兵（2006）认为，美国对技术和物资出口实施管制的目的是维护其世界军事、经济的霸主地位和国家的安定，但这成为中美贸易失衡的重要因素之一。李稻葵和李丹宁（2006）以及张颖（2010）的研究表明，中美贸易失衡是中国发挥了自身的比较优势，而美国实施出口管制政策，阻碍了其比较优势的发挥，进而带来了中美贸易的严重不对等。

第三节　全球价值链重构的相关研究

诸多学者基于全球价值链的深化发展，探讨了产业内部各生产环节在不同区域的配置问题（Krugman，1995）、产品价值链的地理空间转移问题。全球价值链的各环节存在进入壁垒差异、利润差异和地位差异，价值链的解构与重构发展存在必然性。以下就当前关于价值链重构的相关研究进行梳理和回顾。

（一）全球价值链重构的主体

全球价值链各环节存在收益分配不均衡（Kaplinsky，2005）。位于价值链低中端的参与主体会主动寻求调整要素配置的途径，位于价值链高端的经济体会为维持自身垄断地位进行博弈，国家价值链（national value chains，NVCs）和区域价值链（regional value chains，RVCs）的概念应运而生。

　　大多数发展中国家处在全球价值链"微笑曲线"的中低端位置，在工艺升级和产品升级之后，会基于本土市场进行创新，逐步涉及和掌握关键环节和要素，满足市场需求以参与价值链分工的核心环节（刘志彪和张杰，2007；崔向阳和崇燕，2014）。构建国家价值链须先通过低劳动力成本嵌入全球价值链，通过贸易积累、中间产品创新等集聚高端生产要素，再从国家价值链向全球价值链延伸，探求全球价值链的掌控权（王子先，2014）。其目的在于在融入全球价值链的基础上，重塑企业依赖的产业网络和循环体系，重组全球治理体系和全球产业网络体系，汇聚高端生产要素，提高关键核心环节的产业研发能力，带动劳动密集型企业重组转型，最终构建成熟的本土企业品牌优势和销售渠道（刘志彪和张杰，2009）。

　　区域价值链更加注重产品升级和产业转型，联合周边国家和地区具有较强互补性的产业，形成区域集聚效应，最终推动形成区域内产业链价值链的跨地区区域网络组织（魏龙和王磊，2016）。有学者认为全球价值链是由不同的区域价值链构成，全球价值链主要由三个部分组成：RVC_1 代表的是在服务贸易和数字贸易方面具有竞争优势的以美欧发达经济体为主导的区域价值链；RVC_2 是以成本优势打造的以制造业为主要竞争优势的包括中国在内的东亚地区的区域价值链；RVC_3 是在自然禀赋优势的基础上形成的其他区域价值链（洪俊杰，2018）。

　　国家价值链和区域价值链都是通过不断集聚高端生产要素来营造升级空间，但区域价值链的空间范围要广于国家价值链。张辉、易天和唐毓璇（2017）将国家价值链和区域价值链称为"双环流"，中国是环流主体之一，中国一方面通过嵌入发达国家主导的全球价值链，参与全球生产环节的分工和贸易，另一方面参与构建了"一带一路"网络，主动形成区域价值链环流，完成自身产业转型升级和区域产业网络的形成。

（二）价值链重构的动因

产业维度的价值链重构。刘涛雄和徐晓飞（2015）认为，"互联网+"使得信息产业和工业制造融为一体，从而推动和加快了价值链重构。与其结论一致的研究发现，价值链网络使得原先的价值链核心环节被解构进而重构，同时，模糊的部门边界有利于虚拟资产的分工协作（Amador, Cappariello and Stehrer, 2015）。李丫丫和赵玉林（2015）认为价值链解构、重构是产业网络融合的过程，不同产业间的复杂关联有利于溢出效应的发挥，有利于新的价值链形态的形成。

国家维度的价值链重构。2005 年欧盟设立了名为"知识社会的工作组织与工作重构"（Work Organization and Restructuring in the Knowledge Society，简称 WORKS）的研究机构，该机构研究了全球价值链的组织结构调整、国际企业组织的业务功能及其变化以及功能之间的相互关联（毛蕴诗、王婕和郑奇志，2015）。随后，研究对象由单一组织逐步拓展到全球，由此延伸到对价值链重构以及全球价值链重构的研究。Milberg 和 Winkler（2010）认为，价值链重构的目的是参与主体重新配置自身在全球价值链中的利益，提升自身在价值链分工体系中的地位。不仅如此，全球经济失衡、由美欧等发达经济体主导的国际分工市场失效给全球价值链重构创造了条件（谭人友、葛顺奇和刘晨，2015；毛蕴诗和郑奇志，2016）。

发达国家与发展中国家参与全球价值链重构有着不同的寓意。发达国家重塑全球价值链是为了掌控价值链分工体系并稳固自身在价值链分工体系中的垄断地位，发达国家不满足于制造产业被其他参与主体逐步掌握，重塑价值链旨在控制价值链的核心环节（Nenci and Pietrobelli, 2007）。处于传统价值链上的非主导经济体参与全球价值链重构的意图是改变和提升自身在全球价值链中的角色和定位。

以中国为例，面对在全球价值链中的低端锁定，中国必须进行从嵌入全球价值链到重构国家价值链的转换，构建新的发展模式促进产业升级，进一步通过构建国家价值链，共同构建全球价值链和区域价值链以实现产业升级（刘志彪和张杰，2009；刘志彪，2011）。也有学者认为，"一带一路"倡议是全球价值链调整的宏观政策决策，目的在于创造以中国为主导和中心，辐射到周边国家的区域价值链，从而推动中国企业向价值链高附加值环节跃升（魏龙和王磊，2016；钱书法、邸俊杰和周绍东，2017）。

总之，由发达国家主导的全球价值链创造的价值空间为其他参与主体重塑价值链提供了动力，它们通过进行技术创新、开发市场需求等多种路径重塑全球价值链，并给全球竞争格局带来结构性变化。就目前的研究来看，关于全球价值链重构的新特征、全球产业结构以及贸易利益分配尚未形成系统性研究，还需进一步明确全球价值链重构参与主体的动态演化机制。

（三）全球价值链与贸易保护主义

大多数学者对贸易保护主义的研究主要关注贸易争端对进口国和出口国相关产业的影响。Hoekman 和 Leidy（1992）以及 Sleuwaegen、Belderbos 和 Jie-A-Joen（1998）构建了全产业的价值链生产模型，发现整个产业链之间的决策和行为相互影响，反倾销是不利于上下游产业主体利益增长的负面决策。Query（2015）以及 Vandenbussche 和 Viegelahn（2013）从产业的生产与出口行为角度分析了贸易摩擦决策，认为上游产业实施反倾销措施导致下游产业中间产品成本上升，不利于下游产业的生产和出口。王孝松、吕越和赵春明（2017）通过分析遭受贸易壁垒对中国参与国际分工效应的影响发现，贸易摩擦对价值链整个环节均存在不利影响。

具体来看，在微观层面，大部分研究使用反倾销数据，通过双重差分等计量方法探讨美国对华反倾销对中国企业出口绩效（蒋为和孙浦阳，2016）、出口企业生产率（杨培强和张兴泉，2014；谢申祥、张铭心和黄保亮，2017）以及企业创新行为（魏浩、张宇鹏和连慧君，2019）等方面的影响。鲍晓华和陈清萍（2019）利用双重差分方法深入分析了反倾销的调查效应和成本效应，认为反倾销主要通过成本效应影响下游企业的出口。在宏观效应方面，相关研究基于一般均衡框架进行情景模拟，如肖志敏和冯晟昊（2019）以及周政宁和史新鹭（2019）等利用 GTAP 模型分析了特朗普对华加征关税对中美经济的影响，他们的研究结论基本一致，认为中美双方都将在贸易摩擦中受损，但贸易摩擦对中美双方的影响是非对称的。Dong 和 Whalley（2012）借助 GTAP 模型分析了中美贸易摩擦导致的贸易转移，认为美国政府的加征关税措施不利于美国经济增长；中美贸易争端无疑给中国经济带来负面冲击，但在一定程度上有利于中国转变依赖出口的经济增长模式。此外，樊海潮和张丽娜（2019）以及李春顶、何传添和林创伟（2018）对一般均衡模型进行了拓展，研究了中美贸易争端对中美两国的福利效应；王霞（2019）结合结构引力模型和一般均衡模拟的方法，阐述了美国对华制裁对世界制造业的影响效应。然而，这些研究仅孤立地考察贸易争端对贸易双方或者一国内部产业的影响及其传导机制，忽略了世界各国之间的投入产出关联，进而低估了中美贸易争端的影响。

21 世纪以来，随着全球价值链分工体系的深化和扩展，新兴经济体逐渐成为推动全球价值链发展的主力军（Quast and Kummritz，2016），发达经济体定位在一个高位参与的角色并且位于全球价值链分工体系的两端，一方面提供上游产品生产投入要素，另一方面是最终产品的需求方。新兴经济体负责装配、出口国内附加值占比较低的产品，同时随着技术溢出效应的发挥以及参与价值链分工体系的深化，获利能力逐步提高。除此之外，深度融入全球价值链对消除贸易壁垒有积极作用（Blanchard, Bown and Johnson, 2016; Ludema, Mayda and Yu et al., 2019），对进口产品征收高额关税在抑制了国外产品进入的同时也给提供中间投入的国内厂商利益带来了损害。余振、周冰惠和谢旭斌等（2018）研究认为，中国提升自身在全球价值链中的地位、参与全球价值链的调整和重构对国际经贸争端具有正向和负向的混合效应。

（四）全球价值链分工与中美贸易争端

中美贸易争端是个历久弥新的话题，在贸易保护主义研究中是个热点问题。2018 年美国对中国挑起新一轮贸易摩擦，本轮贸易摩擦的程度和规模不断升级，使得贸易摩擦又成为世界经济和国际贸易问题的研究热点。在中国知网上，以"中美贸易摩擦"作为篇名搜索关键词，2018 年至 2021 年 6 月共有文章 1048 篇。结合本书的研究内容，我们主要对研究中美贸易争端的成因文献进行了梳理。

唐宜红和张鹏杨（2018）认为中美贸易争端来自经济层面和政治层面两个方向。一是国际经贸格局的调整和变化。中国在改革开放后经济发展迅速，对外投资和贸易得到几何式增长（张成虎和杨梦云，2018），这对国际贸易与投资版图产生了重要影响，也成为美国对中国发起贸易制裁的原因之一（胡静寅，2006）。二是国家之间尤其是大国之间的政治博弈。作为新兴大国中国的整体实力和影响力在日益增强，已经成为世界第二大经济体，美国危机意识增强（黄建忠和赵玲，2018）。中国在技术上的后发优势引起了新一波的"中国威胁论"（唐宜红和张鹏杨，2018），余永定（2018）认为美国已将中国作为"战略竞争对手"，在政治上施压中国、在经贸上挑起争端、在技术上进行遏制。

关于贸易纠纷与中国产业结构。陈勇（2007）认为贸易摩擦的深层原因是国际产业转移背景下国家间的利益博弈，中国在贸易摩擦中的被动局面正反映出发达国家的话语霸权。田玉红（2008）从中国遭遇贸易摩擦的角度分析得出，中国对产业政策结构的调整和改善应更加关注贸易争端背后不同产业竞争的需要，通过协调贸易政策与产业政策来增强自身的产业竞争力。韩擎和杨斐然（2004）从产业结构的角度考察了中美贸易争端的特点、原因及发展趋势，认为由于中美两国所处的经济发展阶段和产业结构的形态不同，中美贸易争端有其产生的必然性。柳剑平和张兴泉（2011）通过对1995~2009年中美、中日制造业产业内贸易进行统计上的比较，结合中美、中日贸易争端的现状，证实了产业内贸易水平与贸易争端之间具有反向变动关系，产业结构差异对中美制造业产业内贸易发展有较大的影响，只有缩小中美两国之间的产业结构差异，才能有效提高中美产业内贸易水平，并进一步减少中美贸易争端的可能性。

在经济全球化的开放经济环境下，各国为了追求本国经济利益的最大化，基于自身的比较优势来配置全球资源、参与国际分工和合作，进而发生国际贸易往来。在这个过程中，在服务贸易上具有优势、服务贸易出口额较大的经济体，在传统商品的贸易上自然会存在逆差；同样，在产成品贸易上具有优势的经济体，随着出口的发展和积累，会形成较大规模的贸易顺差。谢康和李赞（2000）等通过研究中美两国的经济结构和产业结构，认为美国在货物贸易上对中国存在逆差，同时在服务贸易上表现为顺差，并提出由此产生的贸易不平衡会随着两国经济的发展得到自发调节。Gaulier、Lemoine 和 Ünal-Kesenci（2007）从国际产业转移角度出发，认为中国的"世界工厂"地位，加剧了中美贸易失衡规模的扩大。苗迎春（2009）在《中美经贸摩擦研究》中提出，中美经济失衡、国际产业结构的交叠趋向凸显、美国在战略上对中国的遏制、利益集团博弈以及中国自身存在出口市场过于集中、出口企业恶性无序竞争、政府应对贸易摩擦经验不足的缺陷，是导致中美贸易争端的一系列因素。整体而言，全球价值链的发展和变化对经济体之间的经贸关系产生了重要影响。

第四节　研究述评

关于全球经济失衡、价值链重构和中美贸易争端问题的现有研究已经比较丰富。学者们围绕全球经济失衡的形成机制和影响效应、价值链重构的动因等进行了探讨，包括对中美贸易争端的成因进行了考察。与此同时，学者们还从国家价值链重构和区域价值链重构两个维度对价值链重构进行了相关研究，为本书的研究逻辑提供了启示和借鉴。本书较以往研究的可完善之处体现在以下方面。

第一，以往研究并未过多关注国际分工格局与全球经济失衡之间的关系问题，尤其是疏于考察基于传统比较优势的国际分工对经济失衡的作用机制。一方面，全球化生产下，各经济体基于自身比较优势参与国际分工和国际贸易，从而使得经常账户产生了不同方向的差额，随着差额的积累和持续形成了全球经济失衡。另一方面，现存研究从国际分工视角分析了引发经济失衡的产业结构原因，但是这些研究并未深入观察不同经济体的不同产业相对生产力性质及其对经济失衡产生的影响和具体影响机制。

第二，以往研究忽视了全球经济失衡下的技术因素对国际分工格局的影响效应。尽管现有的研究文献关注了价值链重构的动因，并从产业结构调整角度考察了价值链重构问题，但是忽视了经济失衡是全球经济增长的结果，而技术因素是经济长期增长的关键因素。全球经济失衡意味着发达经济体资本账户存在巨大余额，国际资本流动下的对外直接投资势必会对产业结构和技术研发产生直接影响，进而引发价值链重塑重构。同时，全球经济失衡意味着外汇储备的失衡，一国汇率又会对一国贸易产生影响，进而影响国际分工格局。如果忽视了技术因素的作用，势必将不利于我们更加全面地认识价值链重构问题，也不利于更加科学地探寻当前全球经济失衡规模居高下的科技创新因素。

第三，以往研究在分析全球经济失衡影响效应的过程中缺乏使用定量方法考虑价值链重构与贸易争端之间的内在联系。一方面，新兴经济体突破全球价值链低端锁定诅咒，重塑全球价值链，削弱了微笑曲线两端主体的权益；另一方面，发达经济体将以出口为主导的经济体的贸易盈余即经济失衡作为借口，对价值链重构发起抑制，以维护其经济霸权地位。因而，将全球经济失衡下的国际分工格局调整和变化的因素考虑进来，构建一个包含经济失衡、价值链重构与贸易争端的逻辑分析框架，势必有利于全面认识全球经济失衡与价值链重构的内在关系，也有助于从根本上探求贸易争端行为产生的动机。

本书围绕当前国际经济形势复杂多变和中美贸易争端等世界经济发展特征事实，基于"全球经济失衡—价值链重构—贸易争端"这一研究思路，重点考察全球经济失衡的价值链分工因素，以及全球经济失衡背后的作用机制问题，并且分析和验证经济失衡、技术进步对全球价值链重构的影响效应，此基础上，重点考察国际分工格局变化与中美贸易争端的内在关系。以期为深入认识当前国际经济发展格局变化和发展趋势、促进我国产业结构转型升级和推动经济高质量发展，进而为加快构建双循环新发展格局提供参考。

第三章　全球经济失衡的表现特征和形成原因

本章从全球经济失衡的特征事实出发，梳理和分析全球经济失衡的总体表现、国别特征和主要成因。

第一节　全球经济失衡的总体表现

（一）全球经济失衡的历史演进

全球经济失衡并不是世界经济发展过程中的新现象。从第二次世界大战结束到 1958 年，因为战后重建的需要，世界主要国家大量进口美国产品，由此美国产生并积累了大量贸易顺差，黄金储备也急速增长。1958 年以后，欧洲以及日本的生产能力逐步恢复，多国间的货币兑换逐渐恢复，到了 20 世纪 60 年代，美国的国际收支仍有盈余，但规模有所缩小，同时，美国资本账户余额呈现赤字状态，黄金储备有所减少、对外债务不断增加，国际收支逐渐恶化，布雷顿森林体系的基础发生动摇。20 世纪 70 年代，德国和日本呈现贸易顺差，美国出现温和的贸易逆差；到 80 年代中期，美国经常账户出现严重赤字，日本和德国出现了显著顺差；90 年代初，美国贸易失衡问题有所缓解。在亚洲金融危机后，日本、德国、中国及亚洲其他新兴市场发展成为贸易盈余的主要力量，与之相对应的是美国具有史无前例的巨额经常账户赤字。不同于以往的是，最近一次全球经济失衡的显著特点之一是发展中国家演变成为主要的债权国。

从本质上讲，全球经济失衡是现行国际货币体系运行的必然结果（徐康宁，2020）。从国际金融体系来看，从金本位到布雷顿森林体系，再到牙买加体系，最后到当前的以美元为中心的国际货币体系，每种体系都产生了不同特点的全球经济失衡，其产生原因、调整措施和发展结果各有特点。

1. 金本位时期（1870~1914 年）：欧美之间剧烈的失衡变化

1870~1914 年是第二次世界大战前的一个全球经济失衡阶段，该阶段第一次发生了金融全球化。在这个阶段，资本跨境流动和贸易突起，世界贸易增长快于世界经济增长，一些国家的国外资产或负债迅速增加，经常账户差额逐步出现。英国和德国是当时经常账户顺差的主要国家，法国在 20 世纪初的经常账户顺差不断扩大。英国作为当时的中心国家向其他国家输出债券资本，1872 年英国对外投资占国民生产总值（GNP）的比重为 7.7%，1890 年该指标为 7.3%，1913 年达到最高点 9.1%（Edelstein，1982）。累计输出的债券资本使得英国外债增加迅速，在 1913 年达到 39 亿英镑，是其 GNP 的 1.4 倍多（王信，2007）。与之对应的主要逆差国家是资本进口国阿根廷、澳大利亚、加拿大，它们的经常账户赤字占国内生产总值的比例平均超过 5%（Obstfeld and Taylor，2004）。当时美国的经常账户差额经历了剧烈的波动和逆转，从 19 世纪早期大规模的经常账户赤字到 19 世纪末期的经常账户盈余，1889 年盈余 3 亿美元，占 GNP 的比重达到 25%（宋玉华和叶绮娜，2012）。

在金本位时期，全球经济失衡是金本位制度的作用结果（Taylor, Daris and Torner et al.，1996），各经济体可按固定汇率自由兑换黄金，为了稳定本币与黄金的相对固定汇率，加之黄金的自由流动性，各国保留了大额的黄金储备；同时，由于经济不受政府过多的干预，所以各国控制了财政赤字和信用货币的扩张。

2. 布雷顿森林体系时期（1950~1972 年）：低幅度失衡下的不稳定

第二次世界大战后，美国向西欧、日本等国家出口商品，获得了大量的经常项目顺差，也积累了大量的黄金储备。随着战后各国经济的逐步恢复以及以出口为导向的经济发展策略的推进，美国以外的一些国家的对外贸易盈余逐渐增加，相比金本位时期，此阶段的全球经济失衡在贸易领域表现得较为突出。

布雷顿森林体系时期，全球经济失衡的中心国家从英国转变为美国，美元与黄金挂钩，国际货币基金组织成员国的货币与美元保持固定汇率（汇率浮动幅度在上下 1%），美国通过经常项目逆差向世界各国经济发展提供货币资金。20 世纪 50~60 年代，美国深陷朝鲜战争和越南战争，军费激增，国际收支迅速恶化。1964 年，美国经常项目余额占其经济总产值的比例在 1% 左右；1972 年，该比例缩至 -0.4%。1971 年，美国黄金储备仅相当于其对外债务的 15% 左右，美国失去了美元兑换黄金的能力。1972 年，美国宣布停止美元兑换黄金，布雷顿森林体系崩溃，国际收支得到调整。

从以上内容可以看出，布雷顿森林体系时期的全球经济失衡是由以固定汇率为基础的国际货币体系下汇率调节机制失效所导致的，最后通过布雷顿森林体制崩溃后的美元贬值来调整。布雷顿森林体系实际上放弃了汇率政策这一有效调节工具，最终带来全球经济失衡和自己的崩溃。

3. 牙买加体系时期（1976~1989 年）：失衡的加剧

布雷顿森林体系瓦解之后形成了牙买加体系，世界经济进入了以美元为中心的国际浮动汇率时期。国际储备货币多元化的牙买加体系在一定程度上改善了布雷顿森林体系时期的全球经济失衡状况。

1976～1989 年，全球经济失衡的重心依然是美国，失衡的外围国家发生了变化。20 世纪 80 年代中期，德国与其他欧洲国家从欧洲市场一体化中获益，欧洲市场逐步替代了美国市场，欧盟和美国双边贸易出现快速下滑，欧盟国家经常账户保持了基本平衡。由于日本经济的快速发展以及美国制造业竞争力的相对下降，日本通过干预日元汇率等实现了对美国的出口，不断扩大了与美国之间的贸易盈余规模，成为这个时期全球经济失衡的主要国家。与此同时，亚洲一些其他国家通过加工贸易等方式承接了日本和美国的产业转移，实现了与日美之间的贸易顺差。与之相伴的是，国际资本的流向发生了根本变化。先前的全球经济失衡表现为中心国家的经常账户盈余，外围国家的经常账户赤字，同时中心国家向外围国家输出资本，是债权国；牙买加体系时期的中心国家从资本流出国（债权国）变成资本流入国（债务国）。为解决逐步扩大的经常账户赤字问题、增加产品出口竞争力，美国于 1985 年 9 月联合日本、德国、法国和英国干预外汇市场，诱导美元对其他主要货币的汇率有秩序地贬值，即“广场协议”。协议签订之后，各国和市场投资者大幅抛售美元，引致美元大幅度持续贬值，其他货币相应升值。“广场协议”签订不足三年，日元大幅升值，德国马克与美元的兑换比例从 3.4∶1 提高到了 1.7∶1。在牙买加体系时期，贸易盈余主要集中在日本和德国，失衡的中心国家依然是国际储备货币国家美国，并且此次失衡是美国为解决自身“双赤字”问题而促成多国政策协调导致的。

4. 现行的汇率制度安排（1990～2006 年）：失衡再次加剧

20 世纪 90 年代后，全球供应链条加速深化，生产工序分割、服务跨国外包加速发展，世界各个国家和地区在国际分工中的位置开始发生变化。东亚国家，特别是中国，在国际分工中的位置越来越突出，贸易顺差在东亚国家集聚，与之对应的是美国贸易逆差积累的速度加快。1997 年亚洲金融危机后，亚洲国家积极积累外汇储备，由于中心国家美国资本市场的广度、深度和流动性，以及美元作为关键性货币的独特性，过多储蓄流向美国，形成美国资本账户逆差。

1985 年"广场协议"签订后，日本、德国对外汇市场的干预使美国经常账户逆差收窄，但是由于导致经济失衡的根本原因并未消除，美国仅维持了 1 年的经常账户顺差，便又开始出现经常账户赤字，而且赤字规模快速扩大。1998 年，全球经济失衡的趋势突然加剧，一直持续到 2007 年次贷危机爆发。其间，出现了以美国为代表的巨额贸易赤字发达经济体和以中国为代表的巨额贸易顺差新兴经济体，同时德国、日本及部分石油输出国的经常账户顺差持续存在。其中，中国与美国作为重要的经济体，分别是对方最大的逆差来源国与顺差来源国，2006 年美国经常账户赤字达到 8000 亿美元的历史最高值。虽然 2007 年的次贷危机对失衡进行了强制调整，但随着全球经济的复苏，全球经济失衡仍然持续存在且规模较大（见图 1-1）。

与以往的全球经济失衡相比，最近的这次全球经济失衡可以说是历史上规模最大、结构最为复杂的一次。以各国经常项目余额的绝对值之和与全球 GDP 的比值衡量全球经济失衡程度，在 20 世纪 80 年代和 90 年代，全球经济失衡程度最高分别是 1986 年的 3.32% 和 1999 年的 3.13%，而此次的全球经济失衡程度在 2004 年时就超过了 4%，达到 4.42% 的水平，在 2005 年超过了 5% 的水平，失衡程度达到 5.19%，2006 年达到历史最高值 5.89%。此后的 9 年虽有所下降，但也在 4% 左右的高位（见图 3-1）。

从以上全球经济失衡的历史回顾可以看出，首先，全球经济失衡并不是一种经济新现象，经济失衡特征与国际货币体系之间存在密切关联，二战后美元作为全球性货币为美国的经常账户赤字提供了客观条件。其次，持续的全球经济失衡并没有向更多国家扩散，主要表现在少数几个国家。再次，世界主要国家在快速发展时期都伴随着经常账户顺差的积累，国际贸易逆差与一国的发展模式和当

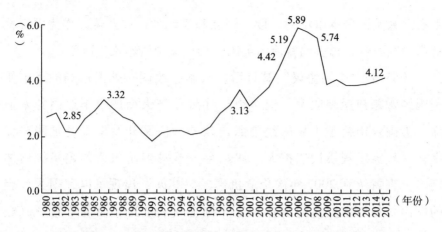

图 3-1　经常项目失衡发展趋势（1980～2015 年）

数据来源：世界银行数据库。

下国际货币体系结构有紧密关系。除此之外，我们还可以发现，受自身在世界经济中特殊地位的影响，在以往的全球经济失衡中，美国一直身处重要位置，美元在全球的宽松供给、美国扩张性的财政政策往往是全球经济失衡的风向标。

（二）经常项目失衡的表现特征

全球经济失衡最突出的特征是经常项目差额不均衡，重要的经济体之间表现为不同方向的经常项目差额，且规模差异较大。

全球经常项目失衡有两个特点。一是规模大（见图 1-1）。二是失衡国家比较集中。盈余集中在三类国家或地区：第一类是传统的工业强国德国和日本，第二类是新兴市场经济体，如中国，第三类是石油出口国。从经常项目盈余的空间分布来看，2007 年，包括中国、印度和东南亚五国在内的亚洲新兴发展中经济体的经常项目盈余与 GDP 的比值为 6.5%；中东、北非和巴基斯坦地区经常项目盈余与 GDP 的比值达到 12.6%。从经常项目赤字分布来看，2007 年，美国作为全球最大的国际贸易逆差国，经常项目赤字占世界经常账户赤字总额的 60% 左右。[①]

1997~2019 年，中国的经常账户顺差规模总体上呈现明显的扩大趋势，尤其是在 2005~2008 年，顺差规模从 1328 亿美元增至顶峰的 4206 亿美元；之后，顺差规模有所回落，但是总体上保持在 2000 亿美元上下。在此期间，德国、日本的顺差规模总体上也呈现扩大趋势，2017 年开始也在 2000 亿美元上下波动（见图 3-2）。

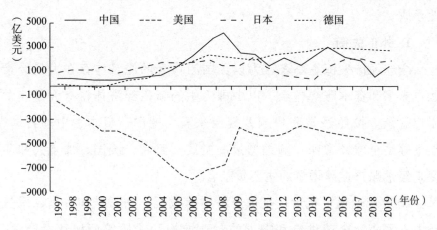

图 3-2 1997~2019 年中美日德经常账户失衡状况
数据来源：世界银行数据库。

21 世纪以来，随着石油价格的持续攀升和多年高位运行，大量进口石油的工业发达国家和新兴市场经济体经济运行成本上升，贸易状况有所恶化，同时以原油出口为经济支柱的石油输出国则因出口石油积累了大量盈余资金，经常账户顺差规模急剧扩大。2005~2012 年，除了 2009 年、2010 年顺差规模短暂下降以外，其余时间的经常账户顺差规模均超过 3000 亿美元。

（三）全球经济失衡的主要内容

20 世纪 90 年代开始，伴随着经济全球化的深化和技术的更新迭

---

① 数据来源：世界银行数据库。

代，世界经济逐步呈现以国际贸易为主要形式和以美元为主要媒介相互交织的复杂网络，各个参与主体相互影响、联系紧密，全球价值链分工推动了生产要素在全球范围内的自由流动，各国根据自身比较优势参与价值链分工，并积累了不同方向的经常账户差额，全球经济失衡由此产生。全球经济失衡是经济全球化发展的结果，并且在经济体之间和经济体内部产生了不同影响、形成了不同的结构性矛盾。

1. 外部失衡

全球经济失衡主要表现为以美国为代表的经济体存在大量经常账户赤字和资本账户盈余，以中国为主的新兴经济体持有大量经常账户盈余。按照经常账户顺差规模来看，德国、日本、中国台湾、瑞士等是全球经常账户顺差增量的主要贡献者，美国、加拿大和印度是经常账户逆差增量的主要贡献者。

2008 年金融危机后，全球经济增速减缓、增长结构失衡、增长动力不平衡、全球供给和需求的对立结构性矛盾等问题逐渐凸显。全球需求更多的是依赖发达经济体来创造，供给主要集中在发展中国家或新兴经济体。美国多年的量化宽松政策，释放出的巨额流动性刺激了股市房市，造就巨大的财富效应，经常账户赤字规模没有缩小；中国大陆的国际贸易盈余有所缩小，原先的顺差部分被韩国、中国台湾和新加坡等区域的经常账户盈余所替代，全球经济失衡依然存在。除此之外，贫穷群体被排斥在金融制度和资源配置之外，不利于经济体之间的均衡发展。全球经济失衡带来世界财富分配不均衡，逆全球化思潮兴起，全球贸易保护主义倾向增强、地缘政治局势紧张等，全球经济发展面临的系统性风险增强。

2. 内部失衡

当前，世界经济发展充满了不确定性，全球经济失衡不仅体现在经济体之间发展的不均衡，还体现在经济体内部。一国的地区之间、企业之间、政府之间和家庭之间，以及各个组织和机构内部的发展也存在失衡。不仅如此，经济体内部的矛盾随着外部矛盾的发展不断演变和积累，使得内部的发展失衡存在动态性和复杂性。经济体内部各组织和各利益体之间相互博弈，在失衡中寻求动态平衡。

首先，经济体内部利益分配的失衡，尤其是个体利益与公共利益的分配不均衡。在全球资源自由流动的条件下，一些跨国公司掌握了金融发展优势，在虚拟经济环境下实现了财富积累，造成财富两极分化，财富分配不均随金融发展和国际资本流动不断加剧。例如，某些大型的互联网或科技型公司，在以美元为中心的国际货币体系下，获取大额利润，个体利益得到爆发式增长，但在此过程中，公共利益并没有相应地增加。

其次，财富再分配的不均衡。随着技术的更新迭代，自动化、智能化等新技术开始应用，劳动生产率的增长速度低于资本生产率的增长速度，企业的要素投入逐渐倾向于以资本替代劳动，劳动的边际产出逐渐降低，劳动报酬相对下降，导致劳动和资本之间利益分配的不均衡。同时，具有技术和知识产权优势的企业掌握了价值创造的绝大部分收益，这些优势企业通过立法和产权规则，不断提高盈利能力和扩大垄断范围，剥夺了其他相关利益主体的应得利益，同时导致不同市场环节参与主体利益分配失衡。

再次，经济体内部家庭主体之间的收入差距扩大以及两极分化的加剧。随着要素投入和收益分配的失衡，财富越发集中，收入差距不断扩大。经济体内部的财富更多地集中在部分区域、部分群体和个人手中，收入差距的扩大加剧了公共服务的不均等，如教育、医疗等条件的分化更加严重。财富充裕的地区和个人享受到较好的资源和发展条件，相对落后的地区和贫困的群体，面对的发展环境有限、竞争激烈，抗风险能力弱，而这进一步加剧了收入差距的扩大。

最后，各种不均衡引发的政府功能的失衡。政府在面对不同的市场和社会再分配以及竞争需求的条件下，债务攀升，导致两极分化。由此，通过调整公共治理结构来调节债务规模，进而给政策带来不稳定性，导致政府治理下社会和经济发展的不确定性和风险性增强。总之，经济体内部的矛盾受到外部环境的影响，同时，内部矛盾不能及时得到调整和改善，外部发展受阻，进一步衍生出更多的内部和外部问题，最终导致全球经济发展受到阻碍。

第二节　全球经济失衡的国别特征

（一）主要贸易逆差国（地区）的贸易失衡现状

美国是最主要的贸易逆差国，图 3-3 描绘了美国 1970~2019 年的经常账户逆差状况。从 1982 年到 2019 年，美国一直（除 1991 年外）表现为贸易逆差，尤其是在 1991 年后失衡一度加速恶化。1982 年和 1992 年美国经常账户逆差分别仅为 116.0 亿美元和 516.1 亿美元，2006 年经常账户赤字一跃达到 8166.4 亿美元的历史最高值。美国经常账户逆差与 GDP 的比值由 1990 年的 1.3% 增长到 2006 年的 5.9%。2002~2006 年，贸易失衡呈直线上升趋势。

2007 年以后，受美国次贷危机以及由此引发的金融危机影响，世界经济严重受挫，国际市场需求低迷，世界贸易迅速下滑，贸易失衡的规模有所收窄。之后随着经济的缓慢复苏，贸易失衡又开始恶化。2009~2019 年，美国经常账户逆差从 3797.4 亿美元增加到 4802.3 亿美元，2017 年美国经常账户逆差与 GDP 的比值为 1.87%，到 2019 年该比值上升到 2.24%。2020 年新冠疫情蔓延，美国实行的激进的疫情财政政策刺激了美国的消费，导致进口大幅度上涨，美

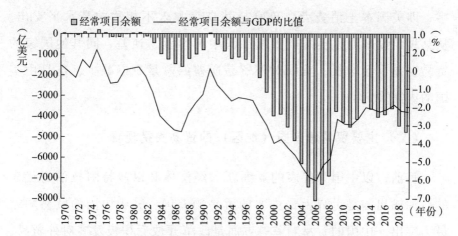

图 3-3　1970~2019 年美国经常账户失衡变动趋势
数据来源：根据世界银行数据整理。

国对外贸易赤字总量居高不下，加剧了全球经济失衡。

与经常账户失衡表现类似，1976~2019 年美国对外贸易一直保持逆差状态（见图 3-4）。美国贸易逆差在 2006 年达到最高值 7709. 25 亿元，与 GDP 的比值为 5.6%。2008 年金融危机后，美国贸易逆差有所减小，但相对 2003 年之前一直保持在高位。美国与他国双边贸易不平衡的主要原因就是居民的低储蓄率和政府的高额赤

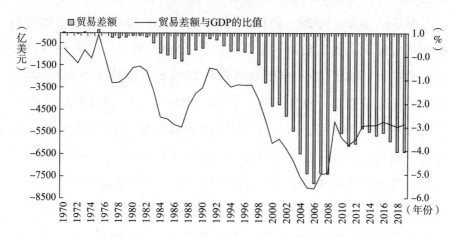

图 3-4　1970~2019 年美国贸易失衡变动趋势
数据来源：世界银行数据库。

字，即美国本土消费者、政府与其自身收入不相称的高水平支出。从某种角度来看，美国就算缩小同中国的贸易逆差，同其他国家的贸易逆差也会增长，美国对外贸易逆差的总量难以减少，这是由美国的内需决定的。

（二）主要贸易顺差国（地区）的贸易失衡现状

目前，以中国为代表的亚洲新兴经济体和以沙特阿拉伯为代表的石油输出国是世界上最主要的贸易顺差国，其中中国的贸易顺差最为突出。中国的贸易顺差一方面是改革开放后积极发展对外贸易，政策上支持引进先进设备和技术的结果；另一方面是中国参与国际分工进一步深化的结果。国际分工加强了区域间的合作，发展中国家因经济发展需要，承接了发达国家转移的劳动密集型产业，我国通过大量消耗劳动的加工贸易发展成为对外贸易顺差的主体。21世纪以来，由于石油价格暴涨和世界石油需求日益增长，以沙特阿拉伯为代表的海湾产油国依靠源源不断的石油出口收入积累了巨额的石油美元，以石油出口形成贸易顺差。图3-5描述了中国、日本、德国和沙特阿拉伯的贸易差额走势。

图3-5显示，中国、德国、沙特阿拉伯在20世纪90年代贸易失衡规模较小，贸易顺差不是很大，在2000年以后，它们的贸易失衡规模扩大。其中2009年受金融危机影响贸易失衡状况有所缓和，但之后又开始恶化。具体来看，1994~2008年，中国贸易顺差从76亿美元增长到3490亿美元，与GDP的比值也从1.4%增加到7.8%，贸易失衡严重恶化。特别是2001年加入WTO之后，中国的贸易顺差在全球贸易顺差中的占比一路攀升，从14.3%增加到51.3%，贸易顺差的世界占比遥遥领先。受国际金融危机影响，2012年中国贸易失衡幅度有所收窄，贸易顺差为2270亿美元，贸易顺差在全球贸易顺差中的占比与2008年相比稍有下降，为46.6%，但依旧是第一位。

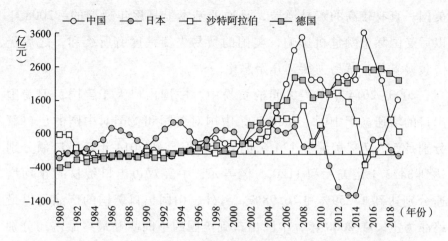

图 3-5　1980~2019 年中国、日本、德国和沙特阿拉伯贸易差额变动趋势
数据来源：世界银行数据库。

（三）中美双边贸易失衡的描述性分析

中国和美国分别作为世界上最大的发展中国家和最大的发达国家，经贸上具有很强的互补性。中国有完整的产业链和强大的制造能力，美国市场对中国制造的产品有比较强的依赖性。图 3-6 显示了 1990~2019 年中美贸易差额对比情况，可以看出，1993~2008 年

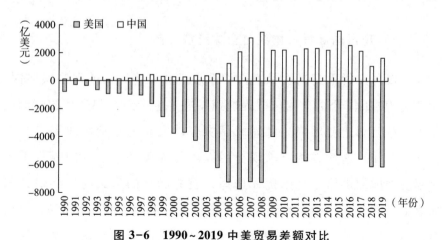

图 3-6　1990~2019 中美贸易差额对比
数据来源：《中国统计年鉴》和世界银行数据库。

美国一直有较高的贸易逆差，且逆差基本上是逐年递增的。2008 年以后受国际金融危机影响，美国的贸易失衡一度有所缓和，之后经济缓慢复苏，贸易失衡又开始恶化。

2000~2014 年中美之间的贸易中，中国出口大于美国，但美国出口的增速高于中国。2000 年，中国对美国和美国对中国的出口额分别是 515.7 亿美元和 124.7 亿美元，但是到 2014 年，出口额分别达到 3473.1 亿美元和 1120.5 亿美元，中美双边出口贸易的年均增速分别达到 14.59% 和 16.98%。另外，中国出口美国的产品是以最终品为主，在 2000 年，中国出口到美国的中间品和最终品占比分别是 28.60% 和 71.40%，到 2014 年，该比例分别为 37.50% 和 62.50%。比较来看，美国对中国的出口以中间品为主，2000~2014 年，美国对中国的中间品出口占比由 55.49% 增长到 59.30%，其间最终品出口占比由 44.51% 降为 40.70%。中美之间的中间品贸易美国更具优势，美国占据价值链主导地位。

第三节 全球经济失衡的主要成因

（一）现行国际货币体系与全球经济失衡

主权国家货币充当国际通行货币是全球经济失衡的深层次原因。20 世纪 90 年代开始全球化进程加速发展，生产要素和产品的流动规模扩大、流动速度加快，世界产品供应以及对国际货币的需求和储备都在增加。这就必然要求现行的以美元为单一中心的国际货币更大幅度地增加供给，美国优先选择以贸易赤字的形式向世界输送国际货币，其他非货币中心国家出于贸易发展和资产保值增值的需要，通过商品贸易和其他资源获取美元资产，引起全球经济失衡。为了防止因美元的超额供应而引起美元贬值，进而引起本国的外汇储备缩水，导致利益受损，贸易顺差国又将外汇储备投资于美国，形成了美元环流机制，进一步增多了美元供给，增加了美国的贸易赤字，最终导致全球经济失衡的持续（见图3-7）。

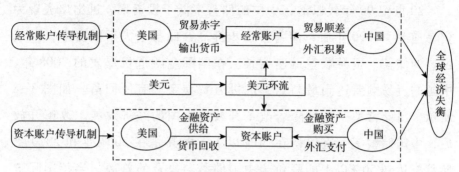

图3-7　美元对全球经济失衡影响的传导过程

第二次世界大战后，西欧国家和日本为了恢复自身经济，选择以出口拉动经济增长和就业的发展模式。当时的西欧国家和日本通过压低汇率、盯住美元以及鼓励储蓄的方式拉动出口，使得20世纪60年世界贸易顺差集中在西欧国家、20世纪80年代世界贸易顺差集中在日本，西欧国家和日本通过贸易拉动经济增长实现了经济赶超。随后，以中国为代表的新兴经济体以低劳动力成本优势嵌入国际分工体系进行加工生产，加入国际货币体系外围行列，同时带来贸易顺差的扩大和积累。与此同时，贸易顺差国积累了大量外汇储备，美国又通过出售国债等金融产品回收贸易顺差国持有的外汇储备，再进一步通过对外直接投资或者证券市场将这些资本配置到收益率高的其他经济体，美元如此循环，推动了美国经常账户赤字的积累，全球经济失衡持续存在。

（二）投资-储蓄结构与全球经济失衡

根据国民收入核算的投入法和支出法可以看出，当一国储蓄超过投资时，贸易余额表现为正，当投资超过储蓄时，贸易余额为负。

在开放的环境下，贸易赤字或贸易盈余，代表了国际资本流动的方向是从贸易盈余国流向贸易赤字国。因而，一国经常账户余额在某种程度上反映了该国储蓄和投资的差额。

20世纪90年代以前，中国的储蓄率低于投资率，进出口表现为贸易逆差。1990年后，储蓄率逐步提高，储蓄率大于投资率，形成过剩的储蓄，贸易顺差迅速增长。在国际金融危机爆发的2008年，中国的贸易顺差达到最高点，危机后贸易余额有所回落。如图3-8所示，高储蓄率一直伴随着改革开放后中国的经济发展。改革开放后，中国储蓄率一直保持在30%以上，尤其是在2008年和2010年储蓄率达到50%以上的高位，中国储蓄与投资的差额与当年国际贸易余额趋势一致。同时，国际贸易顺差以国际资本流出的形式弥补美国储蓄不足。中国储蓄率长期高于投资率是过去中国经常项目保持顺差的重要原因。

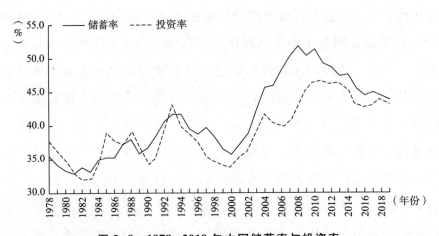

图3-8　1978~2019年中国储蓄率与投资率

数据来源：国家统计局。

由投资大于储蓄带来的过度消费产生了贸易逆差。与中国国内储蓄高于投资的客观情况不同的是，美国储蓄率低于投资率，国内支出超过其产出，需求大于供给，需要进口大量产品。

从图 3-9 可以看出，20 世纪 70 年代后期，美国出现投资大于储蓄，之后一直维持了该状态，并且储蓄缺口一度逐渐增大，2009年美国储蓄和投资之间的差额开始缩小，但投资依然保持大于储蓄的状态。一方面，20 世纪末信息技术的涌现和发展，推动了美国投资情绪的高涨，高新技术企业金融投资的收益产生了巨大的财富效应，进一步拉动了美国投资的增长。1990~2000 年美国私人固定资产投资翻了一番。另一方面，美国消费需求增加，储蓄率降低，财富的增加推动了个人消费的快速增加，进一步促使美国居民储蓄意愿减弱，增加了对进口商品的需求。同时，美国存在较高的财政赤字，消费的增加、储蓄的降低以及较高的财政赤字，给美国带来贸易逆差的局面。

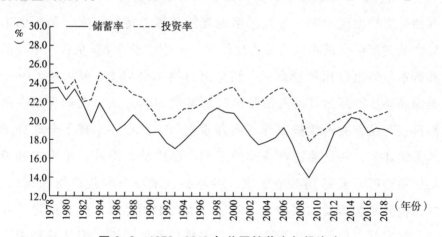

图 3-9　1978~2019 年美国储蓄率与投资率
数据来源：美国财政部。

（三）全球价值链分工与全球经济失衡

20 世纪 80 年代尤其是 90 年代以后，经济全球化的快速发展加快了各种要素在全球范围内的自由流动和配置，生产力和国际分工得到高度发展，给世界贸易带来了重大推动力，促进了贸易和投资自由化。在此过程中，不同经济体利用各自发展优势积累了财富，获得了不同程度的收益，在此称之为"源自贸易的收益"。第二次世界大战后初期，全球分工主要体现为发达国家之间的产业内分工，各国专业化于某一产业内部的产品生产和贸易。20世纪80年代之后，随着国际竞争的加剧，发达国家将一些不具备竞争力的产业转移到劳动要素充裕、劳动力成本较低的发展中国家，尤其是将资本和劳动密集型产业以及附加值较低的组装环节转移出去，仅在国内保留了一些关键性的零部件生产、研发和销售环节，集中精力和资源提升核心竞争力，进一步提升了自身在国际分工中的主导地位。

1. 美国在全球价值链分工中的地位与美国贸易逆差

20世纪70年代以前，美国处于贸易盈余状态，20世纪70年代开始，贸易出现赤字，并且赤字的规模总体上持续扩大。美国的出口产品类型中，最终消费品占比较少，一直维持在8%左右，中间品和资本品的出口比例较高，占到总出口的40%以上，1992～2019年美国高科技产品出口额占商品出口总额的30%左右。美国凭借在高端科技产品方面的优势主导了国际垂直分工产业，掌握了全球分工的关键环节，并且通过产业间分工和产品内分工形式，把资本和劳动密集型产业转移到其他国家，将核心技术环节的生产留在国内，成为世界研发活动的集聚地，并进一步将中间品生产外包给世界各地，造成其出口份额并不高和巨大贸易逆差的局面。但从获利能力来看，美国处在国际分工的顶层，攫取了全球价值链分工中价值创造的绝大利益。相比较而言，其他国家通过原材料、零部件的贸易行为承接了产品制造环节，并将最终消费品出口到美国，美国经常账户逆差是美国在全球价值链分工中处于主导地位的直接反映。

2. 中国在全球价值链分工中的地位与中国贸易顺差

中国在改革开放后，积极融入全球分工体系，从产业间分工到产业内分工再到产品内分工，但长期处于发达国家主导的国际分工的低端锁定困境。图 3-10 描述了 1990~2019 年中国的一般贸易出口、加工贸易出口和其他贸易出口分别占总出口的比例。可以看出，加工贸易出口占比在 1999 年后逐步下降，一般贸易出口占比和其他贸易出口占比呈现逐渐上升的态势，共同作用带来持续的贸易顺差。

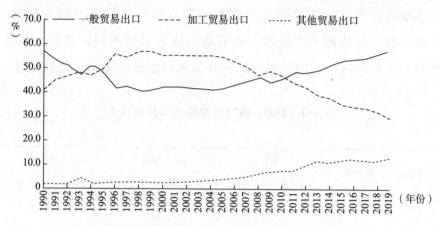

图 3-10 1990~2019 年中国分贸易方式出口占比
数据来源：《中国贸易外经统计年鉴》。

当前中国贸易政策的重心是由贸易大国向贸易强国转变，实现的主要路径就是提升在全球产业链分工中的地位，改革现有的国际贸易规则，获得更强的定价权和话语权，在提高进口质量的前提下扩大进口，同时不断扩大出口，提高对全球价值链的参与度，在扩大进口和出口的同时推进中美贸易差额的收敛。

具体来看，1978 年，中国贸易总额仅为 206.4 亿美元，2020 年中国贸易总额达到 5.3 万亿美元，是 1978 年的 256.8 倍，中国在 2010 年超过美国成为全球第一大贸易国。20 世纪 80 年代后，通过来料加工、进料加工、出料加工贸易，中国负责商品全球化生产链条的最后一环，尤其是加入 WTO 后，中国以劳动力成本优势嵌入全球价值链参与国际分工，从事全球价值链分工体系中低技术含量和低附加值产品的加工和出口，贸易顺差持续增加，逐步发展成为全球贸易失衡的最大贸易顺差方。如表 3-1 所示，中国加工贸易出口占比在 1999 年达到接近 57% 的峰值，此后缓慢回落，2019 年该比例为 29.4%。与此同时，中国的一般贸易和其他贸易出口占比分别从 1999 年的 40.6% 和 2.5% 上升至 2019 年的 57.8% 和 12.8%。虽然中国仍处于全球价值链分工体系的中低端位置，但在国际分工中的地位逐步得到提升。随着劳动力成本的提高和产业转型升级的推动，中国以往从事的加工产业逐步向劳动力成本更低的国家转移，对外贸易顺差有所减少，同时参与国际分工从价值链低端向中高端迈进。

表 3-1　1981~2019 年中国出口贸易构成

单位：亿美元，%

年份	总出口	一般贸易		加工贸易		其他贸易	
		出口额	占比	出口额	占比	出口额	占比
1981	220.1	208.00	94.5	11.31	5.1	0.79	0.4
1982	223.2	206.69	92.6	15.77	7.1	0.74	0.3
1983	222.3	201.60	90.7	20.01	9.0	0.69	0.3
1984	261.4	231.62	88.6	29.29	11.2	0.49	0.2
1985	273.5	237.30	86.8	33.16	12.1	3.04	1.1
1986	309.4	250.95	81.1	51.41	16.6	7.04	2.3
1987	394.4	296.43	75.2	81.38	20.6	16.59	4.2
1988	475.2	325.96	68.6	128.33	27.0	20.91	4.4
1989	525.4	315.52	60.1	188.04	35.8	21.84	4.2
1990	620.9	354.60	57.1	254.20	40.9	12.10	1.9
1991	719.1	381.20	53.0	324.30	45.1	13.60	1.9
1992	849.4	436.80	51.4	396.07	46.6	16.53	1.9
1993	917.4	432.00	47.1	442.36	48.2	43.04	4.7
1994	1210.1	615.60	50.9	569.80	47.1	24.70	2.0
1995	1487.8	713.61	48.0	737.18	49.5	37.01	2.5
1996	1510.5	628.24	41.6	843.27	55.8	38.99	2.6
1997	1827.9	779.74	42.7	996.02	54.5	52.14	2.9

续表

年份	总出口	一般贸易		加工贸易		其他贸易	
		出口额	占比	出口额	占比	出口额	占比
1998	1837.11	742.35	40.4	1044.54	56.9	50.22	2.7
1999	1949.31	791.35	40.6	1108.82	56.9	49.14	2.5
2000	2492.03	1051.81	42.2	1376.52	55.2	63.70	2.6
2001	2660.98	1118.81	42.0	1474.34	55.4	67.83	2.5
2002	3255.96	1361.87	41.8	1799.27	55.3	94.82	2.9
2003	4382.28	1820.34	41.5	2418.49	55.2	143.45	3.3
2004	5933.26	2436.06	41.1	3279.70	55.3	217.50	3.7
2005	7619.53	3150.63	41.3	4164.67	54.7	304.23	4.0
2006	9689.69	4162.33	43.0	5103.55	52.7	423.81	4.4
2007	12192.35	5393.55	44.2	6175.60	50.7	623.20	5.1
2008	14306.93	6628.62	46.3	6751.14	47.2	927.17	6.5
2009	12016.11	5298.12	44.1	5868.62	48.8	849.37	7.1
2010	15777.54	7206.12	45.7	7402.79	46.9	1168.63	7.4
2011	18983.82	9170.34	48.3	8352.84	44.0	1460.64	7.7
2012	20487.14	9878.99	48.2	8626.77	42.1	1981.38	9.7
2013	22090.04	10873.26	49.2	8600.40	38.9	2616.38	11.8
2014	23422.93	12033.91	51.4	8842.18	37.8	2546.84	10.9
2015	22734.69	12147.92	53.4	7975.30	35.1	2611.47	11.5
2016	20976.32	11313.69	53.9	7153.31	34.1	2509.32	12.0
2017	22633.71	12300.20	54.3	7587.68	33.5	2745.83	12.1
2018	24866.82	14004.10	56.3	7970.43	32.1	2892.29	11.6
2019	24994.82	14444.07	57.8	7354.36	29.4	3196.39	12.8

数据来源：《中国贸易外经统计年鉴》。

第四节　小结

本章首先对全球经济失衡的发展过程和不同阶段全球经济失衡的表现特征进行了梳理和归纳，其次重点对最近一次全球经济失衡的主要内容和失衡的主要国家的表现进行了观察，最后从现行国际货币体系、投资-储蓄结构和全球价值链分工三个方面剖析了全球经济失衡的主要根源。

第四章　全球价值链分工格局
与价值链重构

本章重点关注全球价值链的发展演变与全球价值链重构的理论模型和测度。

第一节　全球价值链的发展、解构与重构

（一）金融危机前的全球价值链扩张

在以往的大工业时代，受生产力发展水平和市场不确定性等因素的限制，生产的各个环节往往集中一个企业内部。20 世纪 70 年代以后，随着专业化分工和精细化分工的出现，出于降低生产成本的目的，跨国公司尤其是欧美发达国家的跨国公司开始在全球范围内布局生产，将其部分产品尤其是劳动密集型产品转移到发展中国家进行生产。到了 20 世纪 90 年代，随着信息技术的进步和交通基础设施的完善，经济全球化和贸易便利化快速发展，发达经济体将产品的生产环节进行进一步拆分，在全球范围内搜寻优势生产区域，更多的中小型企业加入进来参与某个环节的生产，全球生产分工不断细化，全球价值链开始出现。全球价值链的产生经历了产业间、产业内和产品间的不断分工和细化。

价值链分工通过跨国公司在全球市场范围内组织商品或服务的销售、外包和投资等产业前向和后向关联，形成全球生产网络体系。在价值链的形成过程中，发达经济体将劳动密集型和资本密集型产业转移到东亚、东南亚地区的发展中国家进行生产，并且利用自身的技术优势掌握了关键中间品的生产和出口，在整个全球价值链分工体系中具有较强的定价权，发展中国家凭借低劳动力成本优势将加工、组装的产成品出口到发达国家，发达经济体对进口的产品进行使用、直接销售或者核心环节的再加工。发达经济体在整个过程中掌控了产品设计、技术研发、品牌经营和销售等关键环节，享受了超额利润，发展中国家在此过程中由于发展基础薄弱、技术落后，位于价值链的低端环节，获取的利润微薄。全球价值链的兴起和发展，促进了世界贸易的迅猛增长；随着技术进步、要素价格的上升，全球价值链的分工模式面临调整和变化。

需要指出的是，不同经济体之所以不同程度地参与全球价值链分工与要素禀赋有紧密联系。全球价值链的技术环节处于上游，包括研究开发、创意设计、加工或者生产技术的改进等。技术环节对资源要素的要求较高，尤其是对稀缺性资源，技术环节的性质决定了对高素质的人力资源、优质的试验设施、丰富的资金投入等的充分需求，以及需要承担研发带来的潜在风险。全球价值链技术环节的条件和要求客观上表明只有发达经济体才能承接该环节，发达国家在经济条件、技术基础和配套条件方面具有优势，承担了主要的价值链技术环节。相比而言，发展中国家或新兴经济体处在价值链中游的生产环节，涵盖采购、母板生产、系统生产、终端加工、测试、质量控制、包装和库存管理等，它们对资源要素的获取比较容易，中国参与价值链分工就主要处在生产这一环节。

21世纪初，跨国公司的产业投资和生产经营得到迅速发展，全球资源得到前所未有的自由流动和优化配置，世界产业实现紧密相连，区域经济一体化趋势得到加强。同时，随着信息化和科技创新，分工更加细化，最终品贸易逐渐被中间品贸易取代，中间品投入贸易和中间品贸易在整个国际贸易中的比例日益增加，推动了发达经济体和新兴经济体之间贸易的增长，全球外贸和各国贸易都在迅速增长。与此同时，全球价值链分工容易造成高端要素、附加值和分工利益在价值链环节间的配置极不平衡。在微观层面，一国的不同部门参与到生产过程的不同环节，形成不同的市场势力，拥有较大市场势力的部门在很大程度上具有定价权，享有较多的垄断利益；缺乏市场势力的部门在利益分配中只能获得较少部分。同时，不同国家之间也存在利益分配失衡。在宏观层面，发达国家利用自身在技术、要素等方面的优势，在价值链分工体系中占据高端地位，攫取了高额利润；发展中国家被锁定在价值链低端环节，面临国内成本的提升和技术的障碍，收入差距等矛盾日益凸显。

（二）全球价值链重构的演变趋势

2008 年国际金融危机导致全球投资和消费需求收缩，国际贸易增长放慢，世界经济进入大调整、大变革和大转型时代。美国推动制造业回流和升级，实施先进制造业战略；德国推进工业 4.0；英国和法国酝酿新的产业技术革命；中国提出以内需主导型增长模式取代出口导向型增长模式；全球价值链在跨国公司主导下发生重构，给各国经济发展带来新的机遇和挑战。

一是全球贸易出现进口替代现象。进口替代，即国产化替代，旨在以本国生产替代进口。随着新兴经济体产业结构的优化和转型，原先的以中间投入为主的进口贸易增长趋缓，取而代之的是国内所生产产品的替代。这一转变有利于新兴经济体形成先进的技术创新能力，改善本国的产业结构，增强自身的抵御风险能力，同时提升自身在国际分工体系中的地位，为本国产业发展提供良好契机。

以中国为例，在内部产能过剩和外部竞争激烈的双重压力下，中国产业结构经历了大量进口、出口导向和进口替代三个不同阶段。面对国内成本优势的消失和经济发展的需要，进口替代成为我国优化全球价值链分工和产业升级的重要路径。我国制造业具有庞大的内需市场优势，通过创新不断突破前期技术障碍，提升自身竞争力；同时，我国在新材料、生物医药、电力装备等领域重点推动创新和发展，形成竞争优势，实现进口替代，打破全球价值链低端锁定陷阱。

二是产业发生转移，尤其是将劳动密集型产业向更低成本区域转移。2008年国际金融危机爆发后，随着世界经济局势的变化，美国、欧盟等发达经济体的"再工业化""制造业复兴"等计划逐步推进，它们将海外生产线逐步迁回，通过在内部兴建新厂重启制造业，并且迁回的制造业一般属于高端制造业，它们这样做的目的是巩固自身在全球产业格局中的技术领先优势。除此之外，跨国公司开始寻求在劳动力成本更具优势的地区进行生产，将劳动密集型产业逐步转向印度、马来西亚和越南等发展中国家。原先的全球价值链分工模式面临较大冲击，推动了传统的全球价值链分工格局发生调整和变化。

三是"在岸外包"和"近岸外包"对原先"离岸外包"的替代。2008年国际金融危机后，全球经济不景气，导致原有离岸外包和近岸外包发包国家的成本控制管理力度加大，跨国公司出于减少外部冲击和更快满足客户需求的目的，逐步将生产和装配向靠近母国市场进行转移，通过优化国内国外市场布局实现产业在地理空间上的合理布局，将生产与服务更贴近客户，新兴经济体也在增强发包能力。具体来看，各经济体更加注重成本在发包过程中的决定性影响；与离岸外包相比，在岸外包更强调核心业务战略、技术和专业性知识，更加看重服务质量和服务供应商等因素。从成本角度来看，在全球范围内，外部生产成本的上升，尤其是劳动力成本的上升，使得国内外包更具吸引力。

四是技术密集型产业的全球价值链条缩短，复杂价值链参与[1]收缩。2008 年国际金融危机后，美国采取了加征关税、反倾销调查等措施，一方面提高了贸易成本，另一方面抑制了贸易活动，加大了全球跨区域生产和贸易的成本，不利于全球资源的自由流动。新冠疫情的暴发，加速了数字经济的发展，全球技术密集型产业链条在缩短，复杂价值链参与在收缩，价值链分工在纵向和横向上朝不同方向位移，同时受技术革命和全球经贸规则等变化的影响而发生变化。

五是全球范围内不同经济体之间博弈的白热化。由于全球范围内产业和企业之间的竞争关系发生了变化，以美国为代表的西方主要经济体面对相对竞争力的变化，主要通过采取贸易保护主义政策维护其霸权地位和贸易利得。近年来，美国通过挑起与以中国为代表的新兴经济体以及其他贸易伙伴的贸易摩擦和冲突，对全球贸易和其他领域的发展产生了负面影响，全球经济局势和矛盾变得更加复杂，国家之间的分歧和矛盾升级。原先的全球价值链分工模式遭受冲击，以各自利益最大化为目标的新一轮博弈不断发生更新和变化。

在价值链调整过程中，技术作为核心要素对劳动力表现出替代作用，随着技术的不断发展，劳动的边际产出在降低；同时，劳动力成本的变化对价值链分工布局产生了重要影响。在技术和劳动力共同作用下，全球产业布局发生调整和变化，推动着全球价值链发生解构和重构。以往的以劳动力成本优势获取价值收益的分工格局

---

[1]　复杂价值链参与是指中间品至少跨境两次，以满足国内或国外最终需求的跨境生产活动，包括本国增加值在中间品出口后又返回本国的部分和进口国对国外增加值再加工出口到其他国家的部分。

逐渐发生变化，知识优势的核心地位推动着要素发生新的流动，逐步形成了知识产权、品牌管理等无形资产的流动。

（三） 中国参与全球价值链分工的发展变化

改革开放 40 多年来，中国通过对内改革和对外开放，利用国内和国外两个市场和两种资源，推动经济快速发展，并发展成为当前唯一一个拥有联合国产业分类当中所列全部工业门类的经济体，外贸结构从出口导向逐步转向进口替代和投资消费导向。然而，对于中国参与全球价值链，需要从它以低劳动力成本优势嵌入全球价值链的低附加值环节谈起。

20 世纪 90 年代以后，中国的改革开放、低劳动力成本优势和重组的劳动力、巨大的市场空间、优惠的招商政策等因素，吸引了外部投资，尤其是在 2001 年加入 WTO 后，中国逐渐嵌入全球价值链分工体系，贸易得到快速增长，同时拉动经济快速发展。随着参与价值链分工的深化，中国逐渐发展成为亚太地区的加工制造中心和贸易中心，中国基于供需视角的亚太价值链地位不断上升。在中国参与全球价值链分工体系的过程中，以美国为代表的发达国家位居价值链高端和中心环节，从事价值链上的核心技术和关键零部件的研发等环节，中国在其主导的价值链分工体系中主要从事劳动密集型和资本密集型产业的加工和组装环节，价值链地位低，获取的利润空间小。

2008 年金融危机后，随着全球贸易的下滑以及中国劳动力成本和土地要素禀赋等优势的弱化，美国和日本等国的跨国公司将亚太价值链的低端环节由中国转向更具成本优势的越南等东南亚经济体，降低了中国和其他亚太经济体的合作度。中国依靠前期资本和技术的积累，以及中间产品创新、规模效应、对外投资等，不断推动构建多边贸易体制，积极推动与其他国家的经贸合作，承接了日本和韩国等经济体的亚太价值链核心零部件生产环节，逐步强化了自身在亚太价值链分工体系中的影响力和控制力。"一带一路"倡议在促进我国贸易增长尤其是出口增长的同时，也给周边各国的经济发展提供了机遇，对全球价值链重构尤其是区域价值链调整起到重要的推动作用。与此同时，我国不断完善贸易基础设施，启动信息通信工程与服务项目，通过与"一带一路"沿线国家建立合作，优化资源配置。除此之外，为了便于扩大和拓宽进口规模和进口渠道，我国通过跨境电商模式打造新型跨境贸易体系，促使制造业在全球价值链中的地位逐步提升，国内企业也逐步迈向价值链的上游。

目前，在全球经济下行的环境下，中国不断扩大进口空间，其他经济体也积极通过中国市场组织生产和开展业务，进一步连接全球市场，中国市场在促进全球要素自由流动和资源高效配置、与全球市场深度融合方面具有重要功能。与此同时，中国将对内改革与对外开放深度结合，逐步形成内外联动、东西双向互补的对外开放格局，通过高质量进口促进出口，推动在开放领域和开放空间实现新突破，通过加速创新赋能高质量发展，以中间产品创新和进口替代等举措，发展进口新模式。此外，中国积极参与全球经济治理，以经贸合作和制度建设促进全球经济稳定发展，不断推动塑造开放包容的世界经济秩序。

第二节 全球价值链重构的理论模型

（一）市场失效理论

国际分工是由发达国家跨国公司在全球范围内主导的市场行为。跨国企业将价值链的部分环节转移到本土以外的区域，达到绕过贸易壁垒、适应市场、降低成本等目的，并且组织和主导了全球价值链的分工协作体系，发展中国家利用自身比较优势承接了转移产业的加工和组装等环节。然而，这种国际分工体系存在严重的市场失效（毛蕴诗和郑奇志，2016），失效主要体现在三个方面。

（1）国际分工市场不能对商品进行合理定价。由于信息不对称和信息不完备，发达国家的企业掌控了生产的定价环节。发达经济体拥有全球价值链的关键核心技术、重要核心零部件、知识产权或品牌管理等高附加值环节和价值链各环节的定价权，发展中国家的企业被动接受发达经济体的定价以参与到产业链中。

（2）国际分工市场具有不完全竞争性。在全球化生产从产业间、产业内分工发展到产品内分工的过程中，处于非战略环节的企业仅能提供加工、组装和运输等辅助性生产和服务；发达经济体的跨国企业通过掌控定价权和价值分配权，主导了产成品生产与交易中的关键环节。与此同时，处在价值链中低端的代工企业的生产面临各种外在风险，该体系下的全球价值链分工具有不稳定和不完全竞争性。

（3）现行的分工体系具有负外部性。发达国家的跨国企业主导着绝大部分价值链关键环节的决策和利益分配，削弱了其他参与国际分工的经济主体的分工利益，并且对分工造成的破坏并没有给予相应的补偿。这种不完全竞争行为产生的外部性是负外部性。

综上所述，由于所处发展阶段和资源禀赋的不同，全球化生产下的分配体系并不具有完全竞争性，存在严重的不完全竞争性、价格不合理性和市场外部性。也就是说，由发达经济体跨国企业主导的全球价值链分工体系，在带来全球经济增长的同时，也存在严重的负外部性，会导致全球经济发展的不稳定、经济体之间贸易利益分配的不均衡和经济体内部的各种矛盾。

（二）利益相关者理论

利益相关者理论的内容是，各组织需要考虑和平衡股东与其他利益相关者的利益，这些利益相关者包括企业员工、供应商、客户以及公司外部的其他利益相关者。在全球价值链分工体系中，发达经济体跨国企业的利益相关者涵盖代工企业、相关企业的员工以及东道国政府。

如前文所述，发达经济体跨国企业主导的全球价值链分工存在市场外部性，位于全球价值链中低端的企业或经济体具有改变其分工地位的强烈动机。首先，以往的全球价值链分工体系不利于代工企业的长远发展。全球价值链中的研发设计、品牌管理等高附加值环节均被发达经济体的跨国企业一手支配，位于价值链中低端的企业的核心技术受制于人，缺乏自主创新，利润空间很小且不断被压缩。其次，发达经济体跨国企业主导的全球市场不利于东道国的可持续发展。具体表现为生态、发展条件受到威胁，并且以牺牲生存环境为代价的发展模式与所得利益不协调。更有甚者，一些跨国公司在产品质量、价格、召回制度、产品维修、赔偿政策等诸多方面明显区隔发达国家与发展中国家市场。

综上所述，在发达经济体跨国企业主导的全球价值链分工体系下，相关参与者所得利益存在严重的分配失衡，导致处在发展劣势地位的经济体具有推动本国企业升级的强烈意愿，旨在通过提升自身的产品附加值和增强自身的定价权，提升自身在全球价值链中的地位和话语权，争取更多的贸易利益，即推动全球价值链重构。

（三）权变理论

权变理论认为，领导的有效性取决于领导者、被领导者和情景条件三者的配合关系。从权变理论的角度来看，全球价值链重构的过程受到外在条件变化和企业家管理理念等综合因素的影响。随着经济全球化的深入发展，面对信息技术的更新和互联网的普及等多种驱动因素，各参与主体根据自身资源禀赋的条件，选择不同的发展路径，解构和重构了以往由发达经济体跨国企业掌控的分工形式。具体来说，经济全球化下创造的利润空间、发展中国家潜在的内需市场、企业家精神等都为位于价值链低中端的企业打破基于传统比较优势的国际分工提供了机遇。随着市场空间、竞争秩序、创新环境的不断优化，代工企业不断整合全球资源，由主要从事加工、组装等低附加值环节走向较高附加值环节，甚至逐步用自产产品替代部分进口中间产品。

　　基于全球价值链理论，结合市场失效理论、利益相关者理论和权变理论，提出全球价值链重构的基本理论框架（见图4-1），其中不同经济体参与价值链重构表现出不同的行为选择和重构动力。

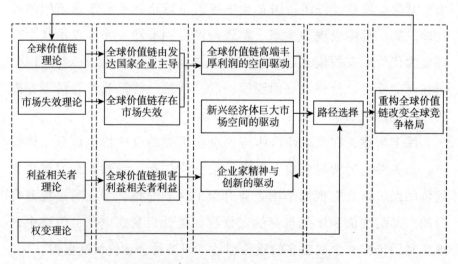

图4-1　全球价值链重构的基本理论框架

资料来源：参考毛蕴诗和郑奇志（2016）的研究绘制。

第三节　全球价值链重构的测度

（一）全球价值链重构的特征事实

2008年金融危机以后，国际贸易增长表现低迷，以大量国际资本流动、高增长中间品贸易为特征的全球价值链步入深度结构调整期，以往以"消费国—生产国—资源国"为核心循环的国际贸易"大循环"变得不可持续。在此背景下，位于价值链中低端的价值链参与主体，试图通过技术创新等方式向价值链中高端迈进，从而推动全球价值链发生重构。全球价值链重构表现为几个主要的典型事实。

1. 全球贸易出现进口替代现象

从中间环节的多次跨境流动来看，全球贸易高速增长的驱动力，主要来源于在全球价值链分工模式下的中间品贸易增加（Hummels，Ishii and Yi，2001）。然而，随着全球价值链的重塑，发达国家与发展中国家原先"设计—生产并组装—销售"的外贸链条被打断，呈现以"中间品交易额下滑"为主要特征的局面，各个国家（或地区）很多的进口品（以中间投入的进口品为代表），正逐渐被国内（或地区内）生产的产品所替代。

随着发展中国家经济的快速发展，单纯地进行中间品生产及组装的贸易形势已经难以支撑国民经济实现更大程度的增长。在众多发展中国家，尤其是东亚、东南亚的新兴经济体中，出现了在中间品基础上的研发或设计活动，形成以亚洲新兴经济体为代表的发展中国家对中间品的依赖程度不断下降的局势。例如，在汽车零部件以及电子配件等中间品的进口方面，韩国、泰国、新加坡等国家的进口量呈现一个比较明显的下降趋势，自身设计和生产替代了进口。

不仅如此，发达国家从转变制造业产业链分工结构入手，扭转全球价值链的分工模式，试图塑造新的全球贸易格局；以美国为代表的发达国家推动"再工业化"，不可避免地冲击以往的全球价值链分工体系下的中间品贸易。

2. 近岸外包逐渐兴起，价值链布局区域化趋势日显

从20世纪90年代开始，随着物流及通信技术的快速发展，以跨国公司为代表的企业分布于全球各生产网络，带来以中国工厂为代表的国际分工协作模式，为欧洲、北美、大洋洲等的众多国家生产产品。2008年金融危机之后，遍布全球的生产网络模式被逐步弱化，跨国公司由以"中心—外围"式离岸外包为主向以在岸外包为主转变。以往的以离岸外包为主的分工形式发生了转变，取而代之的是近岸外包和在岸外包，价值链布局发生了调整和变化，趋向于更加局域化和碎片化。

首先，以中国为中心的东亚区域内价值链分工程度高于区域外。2018年，东亚区域的外贸出口中包含的区域内进口中间品增加了约55%。2020年11月，东盟10国和中国、日本、韩国、澳大利亚、新西兰共15个亚太国家正式签署了《区域全面经济伙伴关系协定》（RCEP），旨在建成全球最大的自由贸易区，RCEP有利于加强中、日、韩和东盟国家的贸易往来。其次，欧洲区域化和一体化得到加强。欧洲内部的中间品贸易不断增长，欧盟范围的扩大提升了区域化紧密度。再次，北美区域化加强。中国作为美国最大贸易伙伴的角色在2018年后发生了变化，在北美区域内部，加拿大和墨西哥逐步成为美国的重要贸易伙伴。最后，拉丁美洲和南亚逐步发展形成区域化程度较高的局部区域。

3. 出于增强产业链韧性的目的，全球价值链长度在缩短

技术密集型产业通常需要多阶段、多环节的分工协调来完成生产（Wang, Wei and Yu et al., 2017）。对于需要进行多次跨境的中间品贸易的复杂价值链而言，在不完全契约下，整个价值链的协作面临风险，当中间环节存在供应短缺时，整个全球价值链运行就会面临严重断层，使得以高度相互依赖为特征的全球价值链面临致命挑战，价值链越长发生中间风险的可能性越大。价值链的区域特征对分散风险、减弱脆弱性和提高抗突发性风险能力发挥着重要作用。除此之外，复杂价值链变化具有地域特征：一是欧洲区域的复杂价值链份额表现为下降趋势；二是北美价值链转向在岸生产；三是亚洲区域内价值链交易份额快速增加。

（二）全球价值链地位及参与度

1. 贸易增加值分解的经典范式

全球价值链地位测度的前提是贸易增加值分解。鉴于总值贸易核算体系没有计入中间品贸易参与者的价值创造贡献，库普曼等（Koopman，Wang and Wei，2014）分解总贸易来厘清总贸易中不同参与主体的贡献，进而有利于剥离出每个环节的价值贡献来源。第一步，先将贸易的总出口分解为：国内增加值出口、出口他国在加工之后通过进口流回本国的增加值、国外增加值三个部分；第二步，根据贸易中出口产品的价值流向再分为三个细化指标，总共形成 9 个最终指标。库普曼等提出的这种分解法在王直、魏尚进和祝坤福（2015）的分析下得到进一步扩展①，王直等扩展了贸易增加值的分解范围，从对一国贸易出口的分解拓展到对部门出口的分解、从单边贸易深化到双边贸易，并且构建了一国双边贸易和分部门出口贸易的分解公式。

构建包含 G 个国家、N 个行业在内的世界投入产出表，令 s，$r=$

---

① 尽管库普曼等的论文在《美国经济评论》（*American Economic Review*）上正式发表的时间是 2014 年，但所对应的美国国家经济研究局（National Bureau of Economic Research，NBER）的工作论文为 2012 年，因而撰写时间早于王直等 2013 年的论文（Wang，Wei and Zhu，2013）。

1，2，…，G 表示国家，i，j = 1，2，…，N 表示行业。$\mathbf{Z}^{sr}$ 和 $\mathbf{Y}^{sr}$ 分别表示国家 s 的产出中用作国家 r 中间投入品和最终使用品的部分，$\mathbf{X}^s$ 分别表示国家 s 的总产出。因此，有：

$$\begin{bmatrix} \mathbf{X}^1 \\ \mathbf{X}^2 \\ \cdots \\ \mathbf{X}^G \end{bmatrix} = \begin{bmatrix} \mathbf{A}^{11} & \mathbf{A}^{12} & \cdots & \mathbf{A}^{1G} \\ \mathbf{A}^{21} & \mathbf{A}^{22} & \cdots & \mathbf{A}^{2G} \\ \vdots & \vdots & \ddots & \vdots \\ \mathbf{A}^{G1} & \mathbf{A}^{G2} & \cdots & \mathbf{A}^{GG} \end{bmatrix} \begin{bmatrix} \mathbf{X}^1 \\ \mathbf{X}^2 \\ \cdots \\ \mathbf{X}^G \end{bmatrix} + \begin{bmatrix} \mathbf{Y}^1 \\ \mathbf{Y}^2 \\ \cdots \\ \mathbf{Y}^G \end{bmatrix} \qquad (4-1)$$

调整可得最终需求所拉动的总产出公式，即经典的里昂惕夫公式：

$$\begin{bmatrix} \mathbf{X}^1 \\ \mathbf{X}^2 \\ \cdots \\ \mathbf{X}^G \end{bmatrix} = \begin{bmatrix} \mathbf{I} - \mathbf{A}^{11} & -\mathbf{A}^{12} & \cdots & -\mathbf{A}^{1G} \\ -\mathbf{A}^{21} & \mathbf{I} - \mathbf{A}^{22} & \cdots & -\mathbf{A}^{2G} \\ \vdots & \vdots & \ddots & \cdots \\ -\mathbf{A}^{G1} & -\mathbf{A}^{G2} & \cdots & \mathbf{I} - \mathbf{A}^{GG} \end{bmatrix}^{-1} \begin{bmatrix} \mathbf{Y}^1 \\ \mathbf{Y}^2 \\ \cdots \\ \mathbf{Y}^G \end{bmatrix} =$$

$$\begin{bmatrix} \mathbf{B}^{11} & \mathbf{B}^{12} & \cdots & \mathbf{B}^{1G} \\ \mathbf{B}^{21} & \mathbf{B}^{22} & \cdots & \mathbf{B}^{2G} \\ \vdots & \vdots & \ddots & \vdots \\ \mathbf{B}^{G1} & \mathbf{B}^{G2} & \cdots & \mathbf{B}^{GG} \end{bmatrix} \begin{bmatrix} \mathbf{Y}^1 \\ \mathbf{Y}^2 \\ \cdots \\ \mathbf{Y}^G \end{bmatrix} \qquad (4-2)$$

上式中，$\mathbf{A}^{sr}$ 为 N×N 阶的直接消耗系数矩阵，表示国家 r 生产一单位总产出对国家 s 产出的直接消耗量，$\mathbf{B}^{sr}$ 为 N×N 阶的经典里昂惕夫逆矩阵，表示国家 r 生产一单位最终产品对国家 s 产出的总需求系数。

将公式（4-1）展开，可以将国家 r 的总产出 $\mathbf{X}^r$ 表示为：

$$\mathbf{X}^r = \mathbf{A}^{rr}\mathbf{X}^r + \sum_{t \neq r}^{G} \mathbf{A}^{rt}\mathbf{X}^t + \mathbf{Y}^{rr} + \sum_{t \neq r}^{G} \mathbf{Y}^{rt}$$

$$= \mathbf{A}^{rr}\mathbf{X}^r + \mathbf{Y}^{rr} + \sum_{t \neq r}^{G} \mathbf{E}^{rt} \qquad (4-3)$$

$$= \mathbf{A}^{rr}\mathbf{X}^r + \mathbf{Y}^{rr} + \mathbf{E}^{r^*}$$

经过转换，可得：

$$\mathbf{X}^r = (\mathbf{I} - \mathbf{A}^{rr})^{-1}\mathbf{Y}^{rr} + (\mathbf{I} - \mathbf{A}^{rr})^{-1}\mathbf{E}^{r^*} = \mathbf{L}^{rr}\mathbf{Y}^{rr} + \mathbf{L}^{rr}\mathbf{E}^{r^*} \tag{4-4}$$

其中，$\mathbf{L}^{ss} = (\mathbf{I} - \mathbf{A}^{ss})^{-1}$ 表示国家 s 的国内里昂惕夫逆矩阵。因此，国家 s 向国家 r 的中间出口可以表示为：

$$\mathbf{Z}^{sr} = \mathbf{A}^{sr}\mathbf{X}^r = \mathbf{A}^{sr}\mathbf{L}^{rr}\mathbf{Y}^{rr} + \mathbf{A}^{sr}\mathbf{L}^{rr}\mathbf{E}^{r^*} \tag{4-5}$$

同时，将公式（4-2）展开，可以将国家 r 的总产出 $\mathbf{X}^r$ 分解为不同最终使用品所拉动的产出：

$$
\begin{aligned}
\mathbf{X}^r = {} & \mathbf{B}^{rr}\mathbf{Y}^{ss} + \mathbf{B}^{rs}\sum_{t\neq s}^{G}\mathbf{Y}^{st} + \mathbf{B}^{rr}\mathbf{Y}^{rr} + \mathbf{B}^{rr}\mathbf{Y}^{rs} + \mathbf{B}^{rr}\sum_{t\neq s,\,r}^{G}\mathbf{Y}^{rt} \\
& + \sum_{t\neq s,\,r}^{G}\mathbf{B}^{rt}\mathbf{Y}^{ts} + \sum_{t\neq s,\,r}^{G}\mathbf{B}^{rt}\mathbf{Y}^{tt} + \sum_{t\neq s,\,r}^{G}\mathbf{B}^{rt}\sum_{u\neq s,\,t}^{G}\mathbf{Y}^{tu}
\end{aligned}
\tag{4-6}
$$

因此，国家 s 向国家 r 的中间出口可以分解为：

$$
\begin{aligned}
\mathbf{Z}^{sr} = {} & \mathbf{A}^{sr}\mathbf{X}^r \\
= {} & \mathbf{A}^{sr}\mathbf{B}^{rs}\mathbf{Y}^{ss} + \mathbf{A}^{sr}\mathbf{B}^{rs}\sum_{t\neq s}^{G}\mathbf{Y}^{st} + \mathbf{A}^{sr}\mathbf{B}^{rr}\mathbf{Y}^{rr} + \mathbf{A}^{sr}\mathbf{B}^{rr}\mathbf{Y}^{rs} + \mathbf{A}^{sr}\mathbf{B}^{rr}\sum_{t\neq s,\,r}^{G}\mathbf{Y}^{rt} \\
& + \mathbf{A}^{sr}\sum_{t\neq s,\,r}^{G}\mathbf{B}^{rt}\mathbf{Y}^{ts} + \mathbf{A}^{sr}\sum_{t\neq s,\,r}^{G}\mathbf{B}^{rt}\mathbf{Y}^{tt} + \mathbf{A}^{sr}\sum_{t\neq s,\,r}^{G}\mathbf{B}^{rt}\sum_{u\neq s,\,t}^{G}\mathbf{Y}^{tu}
\end{aligned}
\tag{4-7}
$$

基于中间出口的分解，又可以将总出口完全分解为不同来源地和最终吸收地的增加值。此外，令 $\mathbf{V}^s$ 为直接增加值系数，则完全增加值系数的表达式为：[①]

$$
\begin{aligned}
\mathbf{VB} &= \begin{bmatrix} \mathbf{V}^1 & \mathbf{V}^2 & \cdots & \mathbf{V}^G \end{bmatrix}
\begin{bmatrix}
\mathbf{B}^{11} & \mathbf{B}^{12} & \cdots & \mathbf{B}^{1G} \\
\mathbf{B}^{21} & \mathbf{B}^{22} & \cdots & \mathbf{B}^{2G} \\
\vdots & \vdots & \ddots & \vdots \\
\mathbf{B}^{G1} & \mathbf{B}^{G2} & \cdots & \mathbf{B}^{GG}
\end{bmatrix} \\
&= \begin{bmatrix} \displaystyle\sum_{t=1}^{G}\mathbf{V}^t\mathbf{B}^{t1} & \displaystyle\sum_{t=1}^{G}\mathbf{V}^t\mathbf{B}^{t2} & \cdots & \displaystyle\sum_{t=1}^{G}\mathbf{V}^t\mathbf{B}^{tG} \end{bmatrix}
\end{aligned}
\tag{4-8}
$$

---

① $\mathbf{VB} = \mathbf{V}\ (\mathbf{I}-\mathbf{A})^{-1} = (\boldsymbol{\mu}-\boldsymbol{\mu}_A)\ (\mathbf{I}-\mathbf{A})^{-1} = \boldsymbol{\mu}\ (\mathbf{I}-\mathbf{A})\ (\mathbf{I}-\mathbf{A})^{-1} = \boldsymbol{\mu}$。

$$\mathbf{V}^s\mathbf{B}^{ss} + \mathbf{V}^r\mathbf{B}^{rs} + \sum_{t\neq s,\ r}^{G} \mathbf{V}^t\mathbf{B}^{ts} = \boldsymbol{\mu} = [\,1,\ 1\cdots,\ 1\,] \tag{4-9}$$

公式（4-9）的结果向量中，每一个元素都等于1，表明任一个单位的最终产品都能被分解为其他国家和部门的增加值。对于国家 s 来说，则有：

$$\mathbf{Y}^{sr} = (\mathbf{V}^s\mathbf{B}^{ss})^r\mathbf{Y}^{sr} + (\mathbf{V}^r\mathbf{B}^{rs})^r\mathbf{Y}^{sr} + (\sum_{t\neq s,\ r}^{G} \mathbf{V}^t\mathbf{B}^{ts})^r\mathbf{Y}^{sr} \tag{4-10}$$

国家 s 向国家 r 出口的中间产品为：

$$\mathbf{A}^{sr}\mathbf{X}^r = (\mathbf{V}^s\mathbf{B}^{ss})^{\mathrm{T}}(\mathbf{A}^{sr}\mathbf{X}^r) + (\mathbf{V}^r\mathbf{B}^{rs})^{\mathrm{T}}(\mathbf{A}^{sr}\mathbf{X}^r) + (\sum_{t\neq s,\ r}^{G} \mathbf{V}^t\mathbf{B}^{ts})^{\mathrm{T}}(\mathbf{A}^{sr}\mathbf{X}^r)$$

$$= (\mathbf{V}^s\mathbf{L}^{ss})^{\mathrm{T}}(\mathbf{A}^{sr}\mathbf{X}^r) + (\mathbf{V}^s\mathbf{B}^{ss} - \mathbf{V}^s\mathbf{L}^{ss})^{\mathrm{T}}(\mathbf{A}^{sr}\mathbf{X}^r)$$

$$+ (\mathbf{V}^r\mathbf{B}^{rs})^{\mathrm{T}}(\mathbf{A}^{sr}\mathbf{X}^r) + (\sum_{t\neq s,\ r}^{G} \mathbf{V}^t B^{ts})^{\mathrm{T}}(\mathbf{A}^{sr}\mathbf{X}^r) \tag{4-11}$$

将式（4-5）、式（4-7）代入式（4-11），国家 s 向国家 r 出口的 $\mathbf{E}^{sr}$ 可分解为：

$$\mathbf{E}^{sr} = \mathbf{A}^{sr}\mathbf{X}^r + \mathbf{Y}^{sr} = \underbrace{(\mathbf{V}^s\mathbf{B}^{ss})^{\mathrm{T}}\mathbf{Y}^{sr}}_{\text{①DVA\_FIN}} + \underbrace{(\mathbf{V}^s\mathbf{L}^{ss})^{\mathrm{T}}(\mathbf{A}^{sr}\mathbf{B}^{rr}\mathbf{Y}^{rr})}_{\text{②DVA\_INT}}$$

$$+ \underbrace{(\mathbf{V}^s\mathbf{L}^{ss})^{\mathrm{T}}\Big[\mathbf{A}^{sr}\sum_{t\neq s,\ r}^{G}\mathbf{B}^{rt}\mathbf{Y}^{tt} + \mathbf{A}^{sr}\mathbf{B}^{rr}\sum_{t\neq s,\ r}^{G}\mathbf{Y}^{rt} + \mathbf{A}^{sr}\sum_{t\neq s,\ r}^{G}\mathbf{B}^{rt}\sum_{u\neq s,\ t}^{G}\mathbf{Y}^{tu}\Big]}_{\text{③DVA\_INTrex}}$$

$$+ \underbrace{(\mathbf{V}^s\mathbf{L}^{ss})^{\mathrm{T}}\Big[\mathbf{A}^{sr}\mathbf{B}^{rr}\mathbf{Y}^{rs} + \mathbf{A}^{sr}\sum_{t\neq s,\ r}^{G}\mathbf{B}^{rt}\mathbf{Y}^{ts} + \mathbf{A}^{sr}\mathbf{B}^{rs}\mathbf{Y}^{ss}\Big]}_{\text{④RDV\_G = RDV\_FIN+RDV\_FIN2}}$$

$$+ \underbrace{\Big[(\mathbf{V}^s\mathbf{L}^{ss})^{\mathrm{T}}(\mathbf{A}^{sr}\mathbf{B}^{rs}\sum_{t\neq s}^{G}\mathbf{Y}^{st}) + (\mathbf{V}^s\mathbf{L}^{ss}\sum_{t\neq s}^{G}\mathbf{A}^{st}\mathbf{B}^{ts})^{\mathrm{T}}(\mathbf{A}^{sr}\mathbf{X}^r)\Big]}_{\text{⑤DDC}}$$

$$+ \underbrace{\Big[(\mathbf{V}^r\mathbf{B}^{rs})^{\mathrm{T}}\mathbf{Y}^{sr} + (\mathbf{V}^r\mathbf{B}^{rs})^{\mathrm{T}}(\mathbf{A}^{sr}\mathbf{L}^{rr}\mathbf{Y}^{rr})\Big]}_{\text{⑥MVA = FVA\_FIN}} \tag{4-12}$$

$$+ \underbrace{\Big[(\sum_{t\neq s,\ r}^{G}\mathbf{V}^t\mathbf{B}^{ts})^{\mathrm{T}}\mathbf{Y}^{sr} + (\sum_{t\neq s,\ r}^{G}\mathbf{V}^t\mathbf{B}^{ts})^{\mathrm{T}}(\mathbf{A}^{sr}\mathbf{L}^{rr}\mathbf{Y}^{rr})\Big]}_{\text{⑦OVA = FVA\_INT}}$$

$$+ \underbrace{\Big[(\mathbf{V}^r\mathbf{B}^{rs})^{\mathrm{T}}(\mathbf{A}^{sr}\mathbf{L}^{rr}\mathbf{E}^{r*}) + (\sum_{t\neq s,\ r}^{G}\mathbf{V}^t\mathbf{B}^{ts})^{\mathrm{T}}(\mathbf{A}^{sr}\mathbf{L}^{rr}\mathbf{E}^{r*})\Big]}_{\text{⑧FDC}}$$

　　在将中间品贸易流量完全分解的基础上，根据出口品的价值来源和最终吸收地，可以在双边部门层面将双边总出口分解（见表4-1）。该分解式能充分地反映不同贸易对象之间增加值的异质性，为价值链地位核算提供了精准的计算方法。

表4-1　总出口分解框架及定义

总出口分解环节		定义
DVA 被国外吸收的 国内增加值	DVA_FIN	最终出口的国内增加值
	DVA_INT	被中间国用于生产最终产品消费的国内增加值
	DVA_INTrex	被中间国用于生产中间产品出口至第三国生产最终产品的国内增加值
		被中间国用于生产最终产品出口至第三国的国内增加值
		被中间国用于生产中间产品出口至第三国生产并出口他国的国内增加值
RDV 返回并被本国吸收的国外增加值	RDV_FIN	被中间国用于生产最终产品出口回本国的国内增加值
	RDV_FIN2	被中间国用于生产中间产品出口回本国的国内增加值
FVA 生产本国出口的 国外增加值	FVA_FIN	被本国用于生产最终产品出口的中间国增加值
		被本国用于生产最终产品出口的第三国增加值
	FVA_INT	被本国用于生产中间产品出口的中间国增加值
		被本国用于生产最终产品出口的第三国增加值
PDC 纯重复计算 部分	DDC	以最终产品出口至国外的本国账户纯重复计算
		以中间产品出口至国外的本国账户纯重复计算
	FDC	来自中间国账户的纯重复计算
		来自第三国账户的纯重复计算

　　资料来源：由 Wang、Wei 和 Zhu（2013）的论文整理归纳得到。

2. 全球价值链地位指数和价值链参与度的测度

　　基于贸易增加值分解框架，参考 Koopman、Powers 和 Wang（2010）提出的利用贸易增加值测算一国某产业在国际分工中的全球价值链参与度和全球价值链地位。其中，反映一国在全球价值链中的参与程度的指标构建如下：

$$GVC\_Participation_{cjt} = \frac{IV_{cjt}}{E_{cjt}} + \frac{FV_{cjt}}{E_{cjt}} \qquad (4-13)$$

其中，c 代表国家，j 代表产业，IV_{cjt} 为中间产品出口的国内增加值，即 c 国 j 产业向其他国家出口的中间产品贸易额，该指标衡量被包含在 c 国 j 产业的中间产品中，经加工后出口给第三国的增加值；FV_{cjt} 为中间产品进口的国外增加值，表示 c 国 j 产业出口最终产品中包含的国外进口中间产品价值；E_{cjt} 表示 c 国 j 产业增加值出口额。一国某产业的全球价值链参与度越高，表明该国参与全球价值链分工越是深化，该产业的对外开放水平越高，其他国家该产业对该国的依赖性越强；反之，该国参与国际分工环节较少，开放程度不够。

即使两个经济体参与全球价值链分工程度接近，但是两者在全球价值链上的地位也可能有差异。以下为一国参与国际分工的地位指标：

$$GVC\_Position_{cjt} = \ln\left(1 + \frac{IV_{cij}}{E_{cij}}\right) - \ln\left(1 + \frac{FV_{cij}}{E_{cij}}\right) \qquad (4-14)$$

全球价值链地位的衡量，运用的是参与国际分工的某经济体特定产业的中间产品出口额与中间产品进口额。该指标体现了某经济体的特定产业在中间产品出口方与中间产品进口方中的相对地位。如果该产业位于上游位置，便会通过提供原材料或者中间产品来参与国际生产以获得相应收益，其间接增加值（IV）占总产出的比例大于国外增加值（FV）所占的比例。相反，如果某产业处于下游位置，主要从事销售和服务等环节，其间接增加值会小于国外增加值。如此看来，一国某产业的全球价值链地位，一方面表明了它在价值链中所从事的环节性质，另一方面也折射出它参与全球价值链分工贸易利益分配的比例和失衡程度。

另外，有：

$$IV = DVA\_INT + DVA\_INTrex \qquad (4-15)$$

$$FV = FVA\_FIN + FVA\_INT \tag{4-16}$$

为了更加准确地反映一国参与全球价值链的程度，我们用 FVA_FIN 来代表一国进口中间产品的国外增加值部分。从而有：

$$GVC\_Position = \ln(1 + \frac{DVA\_INT + DVA\_INTrex}{E}) - \ln(1 + \frac{FVA\_FIN}{E})$$

$$\tag{4-17}$$

3. 全球价值链重构指数

式（4-18）和式（4-19）表示中国与贸易伙伴国的相对全球价值链地位指数与相对全球价值链参与度指数：

$$GVC\_DIFF_{cijt} = 100 \times GVC\_Position_{cjt} - 100 \times GVC\_Position_{ijt} \tag{4-18}$$

$$RELAT\_GVC\_P_{cijt} = 100 \times GVC\_Participation_{cjt}/GVC\_Participation_{ijt}$$

$$\tag{4-19}$$

相对全球价值链地位指数 GVC_DIFF_{cijt} 代表 t 年中国 j 产业全球价值链地位相对于贸易伙伴国 i 的差额，GVC_DIFF_{cijt} 越大，代表当年中国 j 产业在全球价值链中相对于研究对象的地位越高；$RELAT\_GVC\_P_{cijt}$ 代表了中国全球价值链参与度与贸易伙伴国 i 的比值，$RELAT\_GVC\_P_{cijt}$ 越大，当年中国 j 产业相对贸易伙伴国 i 的 j 产业在全球价值链中参与程度越高。

（三）中美相对全球价值链参与度指数

上文构建的价值链相关指数的计算方法，利用了世界投入产出数据库（World Input-Output Database，WIOD）的相关数据。WIOD 包含反映各经济体部门间相互影响的国际投入产出表以及各经济体单独的投入产出表，涵盖 44 个国家和地区 56 个行业的投入产出数据。其中的 56 个行业如表 4-2 所示。

表 4-2　WIOD 中的 56 个行业

行业	行业名称	行业	行业名称
C01	作物和牲畜生产、狩猎和相关服务	C29	汽车和摩托车外的批发贸易
C02	林业与伐木业	C30	汽车和摩托车外的零售贸易
C03	渔业与水产业	C31	陆路运输与管道运输
C04	采矿和采石	C32	水上运输
C05	食品、饮料、烟草制品业	C33	航空运输
C06	纺织、服装及皮革制品业	C34	储存和运输辅助
C07	木材、木制品及草编等制造业	C35	邮政和邮递
C08	纸和纸制品业	C36	食宿服务
C09	记录媒介物的复制及印刷业	C37	出版
C10	焦炭和石油精炼业	C38	影视传媒
C11	化学品制造业	C39	电信
C12	医药产品制造业	C40	计算机编程及服务；信息服务
C13	橡胶和塑料制品业	C41	保险和养恤金之外的金融服务
C14	其他非金属矿物制品业	C42	强制性社会保障除外的保险
C15	基本金属制造业	C43	金融保险服务及其附属
C16	金属制品业	C44	房地产
C17	计算机、电子及光学设备制造业	C45	法律、会计和管理咨询
C18	电力设备制造业	C46	建筑和工程；技术测试和分析
C19	机械设备制造业	C47	科学研究与发展
C20	汽车、挂车及半挂车制造业	C48	广告业和市场调研
C21	其他运输设备制造业	C49	其他专业技术；兽医
C22	家具及其他制造业	C50	行政和辅助
C23	机械和设备的维修和安装	C51	管理与国防；强制性社会保障
C24	电、煤气、蒸汽和空调供应	C52	教育
C25	集水、水处理与水供应	C53	人体健康和社会工作
C26	废物回收业	C54	其他服务
C27	建筑业	C55	家庭自用物品生产和服务；雇佣
C28	批发和零售业；汽车和摩托车修理	C56	国际组织和机构

　　注：WIOD 中 C19 和 C35 的数据缺失；表格制作参照陈继勇、余罡和葛明（2016），卫瑞、张文城和张少军（2015）以及卫瑞和张少军（2014）。

WIOD 包含的 44 个国家和地区如表 4-3 所示。

表 4-3 WIOD 包含的 44 个国家和地区

编号	名称	缩写	编号	名称	缩写
1	澳大利亚	AUS	23	爱尔兰	IRL
2	奥地利	AUT	24	意大利	ITA
3	比利时	BEL	25	日本	JPN
4	保加利亚	BGR	26	韩国	KOR
5	巴西	BRA	27	立陶宛	LTU
6	加拿大	CAN	28	卢森堡	LUX
7	瑞士	CHE	29	拉脱维亚	LVA
8	中国大陆	CHN	30	墨西哥	MEX
9	塞浦路斯	CYP	31	马耳他	MLT
10	捷克	CZE	32	荷兰	NLD
11	德国	DEU	33	挪威	NOR
12	丹麦	DNK	34	波兰	POL
13	西班牙	ESP	35	葡萄牙	PRT
14	爱沙尼亚	EST	36	罗马尼亚	ROM
15	芬兰	FIN	37	俄罗斯	RUS
16	法国	FRA	38	斯洛伐克	SVK
17	英国	GBR	39	斯洛文尼亚	SVN
18	希腊	GRC	40	瑞典	SWE
19	克罗地亚	HRV	41	土耳其	TUR
20	匈牙利	HUN	42	中国台湾	TWN
21	印度尼西亚	IDN	43	美国	USA
22	印度	IND	44	其他地区	ROW

通过计算发现，2000~2014 年，相对于美国而言，中国在渔业与水产业，食品、饮料、烟草制品业，木材、木制品及草编等制造业，医药产品制造业，橡胶和塑料制品业，其他非金属矿物制品业，

电力设备制造业，机械设备制造业，家具及其他制造业，储存和运输辅助，人体健康和社会工作 11 个行业的全球价值链参与度稳步提升（参见表 4-4），说明中国这几个行业的国际影响力不断增强，市场占有率不断提高，对外开放不断深化，带动了贸易伙伴国相关行业的发展和转型。

表 4-4　具有上升趋势的相对全球价值链参与度指数（中国-美国）

行业	2000 年	2002 年	2004 年	2006 年	2008 年	2010 年	2012 年	2014 年
C03	110.5	137.5	123.4	122.9	252.1	341.3	205.7	207.6
C05	61.0	66.0	82.3	78.4	94.0	84.2	77.7	78.2
C07	74.2	74.7	75.9	81.8	81.4	82.7	84.6	85.1
C12	147.3	128.4	133.2	161.8	176.2	161.1	145.4	132.9
C13	80.0	80.4	83.3	86.7	87.1	86.6	87.7	86.2
C14	67.4	74.1	78.1	83.2	86.5	84.7	86.7	88.5
C18	66.5	68.0	77.9	80.4	77.8	76.2	73.9	73.9
C19	72.2	74.4	77.2	85.1	77.1	78.8	78.8	76.8
C22	39.4	41.8	56.4	60.7	53.2	61.7	57.5	63.9
C34	14.2	14.9	19.2	18.4	88.3	85.2	82.7	81.1
C53	/	10.0	28.7	30.8	97.6	127.5	148.3	100.0

除此之外，我们还注意到，中国在渔业与水产业、储存和运输辅助、其他非金属矿物制品业、家具及其他制造业、人体健康和社会工作 5 个行业的相对全球价值链参与度指数增速明显。储存和运输辅助的该指标从 2000 年的 14.2 增长到 2014 年的 81.1。渔业与水产业的相对全球价值链参与度指数在这 15 年中均保持在 100 以上，而且明显提高，说明中国相对美国在这个行业上参与全球价值链的深度具有优势。渔业与水产业的相对全球价值链参与度指数从 2000 年的 110.5 上升到 2014 年的 207.6，人体健康和社会工作的该指标由 2002 年的 10.0 上升至 2014 年的 100.0，医药产品制造业的相对

全球价值链参与度指数也远远高于 100，说明相对美国而言，我国这些行业在进入 21 世纪后不断转型升级，推动对外贸易快速发展。

另外，中国与美国在部分行业全球价值链参与度上的差距扩大。以纸和纸制品业，集水、水处理与水供应，汽车和摩托车外的批发贸易以及航空运输为例，中国纸和纸制品业的相对全球价值链参与度指数由 2000 年的 104.8 下降至 2014 年的 87.3，集水、水处理与水供应对应的指数由 2000 年的 52.8 下降至 2014 年的 14.1，汽车和摩托车外的批发贸易的相应指数由 2000 年的 90.7 下降至 2014 年的 75.4，航空运输的相应指数变动为从 118.5 到 87.3（见表 4-5）。一方面，说明美国在以上几个行业参与国际分工具有显著的竞争优势，同时其相对地位呈现上升的趋势；另一方面，反映了中国与美国在这些行业的差距越来越大，说明了在某些领域中国相对美国仍然存在关键技术差距。

表 4-5 具有下降趋势的相对全球价值链参与度指数 （中国-美国）

行业	2000 年	2002 年	2004 年	2006 年	2008 年	2010 年	2012 年	2014 年
C01	72.8	69.5	60.8	53.7	49.4	45.2	46.5	47.9
C04	97.3	96.3	91.1	89.5	83.2	75.4	74.1	70.1
C08	104.8	99.9	96.9	96.7	91.7	86.9	88.3	87.3
C15	100.5	98.1	90.5	93.3	92.4	87.2	88.0	90.5
C16	95.5	89.8	91.2	92.2	93.4	85.2	82.5	83.9
C21	76.4	87.1	70.1	56.7	55.2	42.7	38.9	49.5
C25	52.8	11.7	19.0	22.1	16.3	16.5	35.8	14.1
C29	90.7	88.3	87.8	84.6	79.0	79.2	78.5	75.4
C30	102.3	102.1	104.3	98.3	89.8	88.7	85.6	83.1
C31	95.9	93.9	88.5	83.5	82.2	82.1	80.8	79.6
C32	75.6	74.5	82.6	79.2	75.8	72.2	67.3	63.8
C33	118.5	126.6	136.9	110.8	96.8	94.2	90.5	87.3

行业	2000 年	2002 年	2004 年	2006 年	2008 年	2010 年	2012 年	2014 年
C35	93.5	96.8	95.3	101.3	83.7	81.4	81.9	80.9
C44	6.4	5.7	6.9	5.7	4.1	3.1	2.7	/
C51	122.4	116.0	100.6	101.2	98.9	97.5	96.4	95.8

第四节　小结

本章重点讨论了全球价值链重构的相关问题。首先，对全球价值链发展、解构和重构的演变过程进行了梳理，从价值链重构的理论模型角度分析了当前全球价值链重构的内在动机。其次，考虑到定性描述和传统指标不足以准确反映全球价值链重构的特征事实，基于贸易增加值分解，介绍了全球价值链地位和全球价值链参与的相关测度指标，并量化分析了 2000~2014 年中美相对全球价值链参与度指数。

第五章　全球价值链分工对
全球经济失衡的影响

本章从产业结构和全球价值链分工角度考察全球经济失衡问题。通过构造制造业与服务业的相对生产力指标，分析并检验产业结构和全球价值链分工对全球经济失衡的影响效应和作用机制，并对东亚经济体高储蓄率与美元霸权因素是全球经济失衡重要根源的主流观点进行检验。

第一节　全球价值链分工对全球经济失衡的影响

在经济全球化的发展过程中，全球经济失衡已是一个不可否认的典型事实。发展不均衡问题在不同时间跨度下展现出不同的表现特征和调整对策，面对世界经济长期的、结构性失衡现象和问题，影响全球经济失衡的因素是世界经济观察者关注和研究的重要对象之一。以往学者从储蓄过剩（Bernanke，2005）、金融发展差异（Willen，2004；Chinn and Ito，2007；Caballero，Farhi and Gourinchas，2008；祝丹涛，2008；佟家栋、云蔚和彭支伟，2011）、人口结构变迁（Brooks，2003；钟水映和李魁，2009）、金融市场与"储蓄-投资"转化（Caballero，Farhi and Gourinchas，2008）、金融约束

（Willen，2004）、企业生产率（Engel and Rogers，2006）、政府财政支出（杨盼盼和徐建炜，2014）、国际货币体系（Dooley，Folkerts-Landau and Garber，2004；Gourinchas and Jeanne，2007）等多个方面对全球经济失衡的形成原因展开了探讨。然而，这些研究忽略了将各个经济体内部的产业结构和现有的全球价值链分工结合起来，将储蓄和国际货币体系纳入国际经济结构的框架下来分析全球经济失衡的影响因素。

在李嘉图拓展模型中，在存在流动性过剩的前提下，制造业（金融业）比较优势的增强（减弱）一定会带来贸易余额的增加（减少）（徐建炜和姚洋，2010）。就比较优势与全球经济失衡的关系而言，全球经济失衡是全球化纵深发展、全球生产网络动态变化的产物，反映了各国产业结构与国际分工的格局分布，全球经济失衡是经济全球化发展的必然产物。那么，一个经济体不同部门的相对生产力和不同经济体基于比较优势的国际分工对全球经济失衡的影响效应到底如何？剔除东亚经济体储蓄率较高和美元的货币霸权这一影响因素，全球价值链分工对全球经济失衡又有何影响？本章将对这些问题进行实证检验。

第二节　全球价值链分工影响全球经济失衡的实证模型与变量说明

（一）计量模型构建

由于各个经济体的产业结构以及不同经济体之间的比较优势存在差异，它们对全球经济失衡的影响效应具有异质性。我们首先构造能够刻画一国相对生产力的指标，这里选用了制造业和服务业两部门每小时增加值的比值：

$$RCAF_{i,\,t} = \frac{制造业每小时增加值}{服务业每小时增加值} = \frac{Value_{i,\,t}^{manufacture}}{Value_{i,\,t}^{service}} \qquad (5-1)$$

事实上，一个国家的经常账户是由它和其他国家的贸易及投资等因素共同决定的，仅仅分析一国的两部门相对生产力无法真正观察到全球经济失衡的内在原因。参照茅锐、徐建炜和姚洋（2012）的方法，构造基于传统比较优势的国际分工指标，将国家两两配组来分析经常账户失衡背后的内在原因。

假设国家 i 的经常账户具有以下线性特点：

$$CA_{i,\,t} = \kappa_i + \boldsymbol{\varphi} \cdot (\,RCAF_{i,\,t},\ X_{i,\,t},\ RCAF_{ROW,\,t},\ X_{ROW,\,t}) + \varepsilon_{i,\,t} \qquad (5-2)$$

其中，i 是国家代码，t 表示时间，$CA_{i,t}$ 表示第 t 年 i 国经常账户余额在 GDP 中的占比，κ_i 是国家的固定效应，$RCAF_{i,t}$ 表示国家 i 的制造业-服务业相对生产力，$RCAF_{ROW,\,t}$ 是世界其他国家平均的相对生产力，$X_{i,\,t}$ 和 $X_{ROW,\,t}$ 指的是影响经常账户余额的其他因素，$\boldsymbol{\varphi}$ 是回归系数向量，$\varepsilon_{i,t}$ 是随机误差项。

式（5-2）中的相对生产力仅表示一国内部制造业与服务业的相对生产力，无法涵盖世界范围。为此，这里将国家 i 和国家 j 对应的式（5-2）相减，得到包含全球范围内各国经常账户影响模型：

$$CA_{i,\,t} - CA_{j,\,t} = \alpha_{i,j} + \boldsymbol{\varphi} \cdot (RCAF_{i,\,t} - RCAF_{j,\,t},\ X_{i,\,t} - X_{j,\,t}) + \zeta_{ij,\,t}$$

$$(5-3)$$

式（5-3）中，国家组对的固定效应为 $\alpha_{i,j} = \kappa_i - \kappa_j$；$\zeta_{ij,t} = \varepsilon_{i,t} - \varepsilon_{j,t}$ 是随机误差项，$RCAF_{i,t} - RCAF_{j,t}$ 衡量国家 i 相对于国家 j 的制造业-服务业比较优势。

（二）数据来源

根据分析需要和数据的可得性，本章选取的研究样本为 1991~2019 年 68 个国家和地区的行业数据，数据是涵盖个体（国家和地区）维度和时间维度的面板数据，在实证分析中考虑控制个体效应和时间效应来控制遗漏变量。原始数据主要来自国际货币基金组织（IMF）和世界银行的世界发展指标（WDI）数据库。

（三）变量说明

（1）被解释变量：经济失衡程度（CA）。本章中经济失衡指的是经常账户存在较大规模差额，这里我们用经常账户余额与 GDP 的比值来表示；同理，利用不同经济体间经常账户余额与 GDP 比值的差额表示不同经济体间失衡程度差异。

（2）核心解释变量。相对生产力（$RCAF$）指的是每个经济体的制造业和服务业两个部门每小时增加值之间的比值。一国制造业生产率越高，代表制造业相对具有较强生产力，反之，服务业的相对生产力更强。比较优势（$advan$），用样本中两两经济体间制造业与服务业相对生产力的差额来表示。

（3）控制变量。参照 Chinn 和 Prasad（2003）以及茅锐、徐建炜和姚洋（2012）的实证研究，对控制变量进行选取。①经济发展水平。当一个国家处在经济发展前期时，它可能举借外债；当其经济发展趋于稳定和成熟时，它开始偿付外债。Chinn 和 Prasad（2003）的研究认为，经常账户余额与人均 GDP 之间存在 U 形关系。在此，采用考察期内各个经济体的人均生产总值（$gdpper$）和人均生产总值增长率（$gdpgro$）来刻画经济发展水平，并以 2010 年为基期用 CPI 处理了原始数据，以跨期可比。

②抚养比（$depenratio$）。抚养比采用 0~14 岁的人口以及 65 岁及以上的人口之和与 15~64 岁的劳动人口之和的比值来测度，抚养比衡量了劳动力人均承担的抚养人数。

③开放度（$open$）。如果与开放相关的资本管制政策旨在限制外资流入、增加出口，则将减少经常账户赤字；如果旨在限制外资流出

和限制出口，则将使赤字规模得以维系（Chinn and Prasad，2003）。因此，开放度对经常账户余额的作用并不确定。我们使用贸易总额占 GDP 的比重来表示经济体的开放度。

④实际有效汇率（*exchangerate*）。实际有效汇率是指将一国货币价值与若干外币加权平均价值之比来除以平减物价指数或成本指数。

⑤金融深度（*financial*）。Caballero、Farhi 和 Gourinchas（2008）等认为，全球经济失衡的成因在于国家金融发展的绝对差异。为了考察制造业-服务业比较优势的影响，就有必要对金融发展加以控制。我们选取私营部门的国内信贷与 GDP 的比值来表示金融深度。金融深度越高，信贷约束就越宽松，从而经常账户赤字就会越大。

表 5-1 报告了以上各变量的描述性统计结果。

表 5-1　变量的描述性统计

类别	变量	均值	标准差	最小值	最大值
被解释变量	经济失衡程度（%）	-1.49	7.78	-73.88	27.4
核心解释变量	相对生产力	1.48	1.60	0.20	17.59
	比较优势	0	64.66	-472.44	472.44
控制变量	人均生产总值（1000 美元）	19.38	17.58	0.43	124.59
	人均生产总值增长率（%）	1.84	4.20	-22.55	85.35
	抚养比（%）	58.48	16.69	26.99	112.85
	开放度（%）	82.08	55.05	15.64	437.33
	实际有效汇率	101.65	24.52	32.95	510.88
	金融深度（%）	66.51	51.90	0.49	308.98

注：美元单位均以 2010 年不变美元计价。

第三节　全球价值链分工影响全球经济失衡的检验结果

（一）基准回归结果

我们采用 Stata 15 对式（5-2）进行回归估计。回归结果（见表
5-2）表明，相对生产力（*RCAF*）的估计系数为 0.481，在 5% 的水
平上显著，验证了产业结构对经常账户余额有显著影响，即制造业-
服务业相对生产效率越高，经常账户盈余越多。验证了各个经济体
的产业结构特征与其经常账户余额之间呈现密切联系。

表 5-2　相对生产力对经济失衡的影响：基准回归结果

变量	（1）	（2）	（3）	（4）	（5）	（6）
RCAF	0.674 ***	0.847 ***	0.503 ***	0.606 **	0.431 ***	0.481 **
	（0.203）	（0.194）	（0.231）	（0.235）	（0.229）	（0.235）
gdpper		0.094 ***		0.079 ***		0.124 ***
		（0.017）		（0.018）		（0.027）
gdpgro		−0.005		−0.010		−0.033
		（0.031）		（0.031）		（0.032）
depenratio		−0.109 ***		−0.108 ***		−0.123 ***
		（0.019）		（0.021）		（0.028）
open		0.013 **		0.016 **		0.014 **
		（0.006）		（0.007）		（0.008）
exchangerate		−0.022 ***		−0.023 ***		−0.023 ***
		（0.006）		（0.006）		（0.006）
financial		−0.032 ***		−0.040 **		−0.038 ***
		（0.005）		（0.006）		（−0.006）
截距	−2.486 ***	5.137 ***	−2.232 ***	6.144 ***	−6.053 ***	3.045 ***
	（0.713）	（1.498）	（0.364）	（1.555）	（1.245）	（1.927）

续表

变量	（1）	（2）	（3）	（4）	（5）	（6）
Within-R^2	0.0025	0.0596	0.0025	0.0622	0.5110	0.5561
时间	no	no	no	no	yes	yes
个体	no	no	yes	yes	yes	yes
N（个）	1972	1972	1972	1972	1972	1972

注：*、** 和 *** 分别表示在 10%、5% 和 1% 的水平上显著，（）内为对应的标准误。

关于控制变量的影响效应分析。人均生产总值和开放度对经济失衡均产生了显著正向影响；人均生产总值增长率、抚养比、实际有效汇率和金融深度负向影响经常账户余额，显著性表现不统一。具体来看，越是收入水平较高的经济体，越容易产生经常账户赤字即负债来满足内部的消费和投资；开放度的回归系数为正，说明经济体经常账户余额与其对外开放程度之间表现出一致的变动方向，即越是开放，经常账户越倾向于产生盈余，越是封闭，经济缺乏活力，经常账户赤字扩大的可能性就越大；人均生产总值增长率与经常账户余额之间表现出负向相关关系，但不显著，这可能是随着经济的增长消费需求不断增大，阻碍了经常账户余额的扩大；抚养比与经常账户余额显示出显著负向关系，即随着非劳动人口的增加，经济体的经常账户盈余（赤字）在减少（增加），这与以往学者的研究结果不完全一致，可能是因为随着人口结构的变化，劳动要素的变化引发了行业产出和消费的变化，从而降低（增加）了经常账户盈余（赤字）；汇率低估有助于促进出口，从而增加（减少）经常账户盈余（赤字）；金融深度越高，资本流动性越强，经常账户赤字越大。

为了将研究范围从一国内部扩大到世界范围，模型（5-3）引入不同国家间的比较优势，便于更深入地分析国际分工对全球经济失衡的影响。表 5-3 报告了比较优势对全球经济失衡的影响效应，回归结果表明基于国际分工的比较优势显著正向影响了全球经济失衡，即一个经济体在参与全球价值链分工中具有制造业比较优势，那么该经济体在全球经济失衡中更倾向于表现为经常账户顺差；反之，当一个经济体相对其他经济体具有服务业比较优势，那么该经济体更倾向于从事金融业等服务业，表现为具有较大的经常账户赤字。

表 5-3　比较优势对经济失衡的影响：基准回归结果

变量	(1)	(2)	(3)	(4)	(5)	(6)
advan_div	0.017*** (0.001)	0.015*** (0.000)	0.006*** (0.001)	0.001 (0.001)	0.0493*** (0.001)	0.040*** (0.000)
gdpper_div		0.134*** (0.002)		0.123*** (0.003)		0.145*** (0.001)
gdpgro_div		-0.023*** (0.003)		-0.029*** (0.004)		-0.032*** (0.005)
depenratio_div		-0.110*** (0.002)		-0.112*** (0.003)		-0.041*** (0.001)
open_div		0.012*** (0.000)		0.016*** (0.001)		0.014*** (0.000)
exchangerate_div		-0.024*** (0.000)		-0.024*** (0.000)		-0.014*** (0.001)
financial_div		-0.031*** (0.000)		-0.037*** (0.000)		-0.003*** (0.000)
Within-R^2	0.0004	0.0425	0.0004	0.0454	0.0841	0.2480
时间	no	no	no	no	yes	yes
个体	no	no	yes	yes	yes	yes
N（个）	132124	132124	132124	132124	132124	132124

注：*、**和***分别表示在10%、5%和1%的水平上显著；（）内为对应的标准误。

　　关于经济体两两组对后控制变量的检验结果表明：人均生产总值差额与经济失衡程度之差之间呈现正向显著关系，即人均生产总值差额越大，经济体之间的经济失衡程度差异也越大；人均生产总值增长率差额与经济失衡程度差异的关系表现为显著负向关系，经济体之间人均生产总值增长率差额越大，其经济失衡程度差异越小；其他变量的回归系数与表5-2中对应的结果一致，在此不一一赘述。

　　为了进一步理解制造业-服务业比较优势影响全球经济失衡的内涵特征，我们重点对两组代表经济体进行组对观察，一组是欧元区最大的债权国德国和最大的债务国意大利；另一组选取了具有制造业优势的中国和具有金融业优势的美国。对比后的数据表明，1991~2019年，德国制造业和服务业相对生产力的平均比值是0.97，意大利的这一比值是0.77，德国和意大利比较优势的均值为19.37，德国经常账户余额与GDP比值的均值为3.35，比意大利高出3.14。关于中国和美国，1991~2019年，中国制造业和服务业相对生产力的平均比值是1.26，美国的这一比值是0.94，中美之间比较优势的均值为8.17，中国经常账户盈余与GDP比值的均值为2.84，美国的该数据为-2.85。

（二）影响机制检验

　　茅锐、徐建炜和姚洋（2012）等提出制造业-金融业国际分工是全球经济失衡的根本原因，但缺乏关于国际分工对全球经济失衡影响机制的分析。基于胡超和张捷（2011）的研究，我们将国际分工影响经济失衡的路径分为贸易开放的非对称性和国际分工下收入差距的扩大两个方面。[①] 一方面，受比较优势、发展阶段、制度因素等各个方面的综合影响，经济体在服务贸易与货物贸易的开放程度之间势必存在差异，具有制造业优势的经济体更倾向于进行货物出口，而具有保险、金融等服务业优势的经济体更偏向于进行投融资

[①] 胡超和张捷将影响经济失衡的因素分为三个方面，除了贸易开放的非对称性和收入差距的扩大外，还有国际货币体系因素，鉴于数据不可获取性，本部分主要考察前两个因素对经济失衡的影响机制。

服务，形成服务贸易，经济体之间必然存在"制造-服务"贸易失衡现象和问题，即具有不同产业优势的经济体之间就会在贸易作用下表现出不同方向的经常账户差额，引起全球经济失衡，并且随着贸易的发展经济失衡不断深化。

另一方面，服务业发达国家内部收入差距的扩大导致经济虚拟化、过度消费与贸易逆差，与此同时，制造业发达国家内部分配差距扩大导致内需不足、过度储蓄与贸易顺差：收入差距扩大在全球经济一体化下引致全球经济失衡。从收入差距视角来看，即从需求和供给来分析，制造业优势国家在进行全球化生产和贸易后，生产力得到极大释放，但收入分配不均的加剧导致国内有效需求不足和生产相对过剩，高投资下的过剩产能只能依靠出口；与此同时，全球市场的竞争压低了产品价格，进一步恶化了这些国家的收入分配不均、内需不足问题，从而它们陷入"收入分配不均—内需不足—生产相对过剩—外需依赖"的恶性循环。与之相对应的是，制造业"空心化"和经济增长的需要促使服务业发达国家将国内增长点集中于高端服务业（金融、保险），而其国内收入分配不均的加剧，引发了对服务业需求的增加并导致国内经济的虚拟化和泡沫化，从而通过财富效应加剧了过度消费和超前消费，进而需要从制造业国家持续进口大量的生活消费品和工业制成品，即"制造业空心和服务业发达—收入分配不均—过度消费和超前消费—进口依赖"。

以上分析框架下，具有不同比较优势的经济体在收入分配不均的条件下，经常账户余额朝着相反方向发展和变化。

为了对中间变量的贡献差异进行评价，本部分选用中介效应模型来检验全球价值链分工对全球经济失衡的影响机制：

$$Segment_{cit} = a_0 + a_1 \ln RCAF_{i(t-1)} + rX_{it} + V_c + d_i + l_t + \varepsilon_{it} \tag{5-4}$$

$$\ln CA_{cit} = \alpha_0 + \alpha Segment_{cit} + rX_{it} + \zeta_c + \delta_i + \lambda_t + \varepsilon_{it} \tag{5-5}$$

其中，*Segment* 为中介变量，包括贸易开放的非对称性（*Exportratio*）、收入差距（*Income_gap*），基于对指标的诠释和数据的可得性，我们选择制造业贸易与服务业贸易的比值衡量贸易开放的非对称性，选择收入最高 10% 人群的收入占比测度收入差距，两项相关指标数据均来源于世界银行数据库，其他变量含义与前文相同。

表 5-4 显示，制造业-服务业相对生产力和贸易开放的非对称性之间存在正向关系，即制造业相对服务业越具有效率，经济体就越倾向于产生制造业贸易，扩大制造业开放；反之，服务业越具有相对优势，越倾向于发展服务贸易或对外投资，产生制造业进口。贸易开放的非对称性对经济失衡程度的影响中，高收入经济体系数最大，其次为中等收入经济体和低收入经济体[①]，这可能是由于高收入经济体的服务业相对更加完善，产生大量资本流入。

表 5-4　影响机制的估计结果：贸易开放的非对称性机制

Panel A：相对生产力对贸易开放的非对称性的影响			
变量	总样本	高收入经济体	中等收入经济体	低收入经济体
RCAF	0.278 (1.37)	0.014 *** (3.75)	0.057 *** (5.72)	5.337 * (1.86)
N（个）	1972	957	638	348
Within-R^2	0.0016	0.0275	0.1797	0.0559
Panel B：贸易开放的非对称性对经济失衡程度的影响			
变量	总样本	高收入经济体	中等收入经济体	低收入经济体
Exportratio	0.001 * (1.64)	0.668 *** (8.85)	0.231 *** (6.34)	0.009 * (1.64)
N（个）	1972	957	638	348
Within-R^2	0.0566	0.1872	0.2124	0.0901

注：*、** 和 *** 分别表示在 10%、5% 和 1% 的水平上显著；（ ）内为 Driscoll-Kraay 标准差调整后的 t 值。

———————

① 　关于高收入、中等收入和低收入经济体的划分，后文会具体说明。

从表 5-5 来看，制造业-服务业相对生产力对收入差距产生了正向显著影响，收入差距又正向影响了经济失衡程度，验证了相对生产力通过收入差距的扩大机制显著加剧了经济失衡。即在具有制造业发展优势的经济体中，制造业的跨国企业通过生产和交易积累了财富，并且带来收入差距的扩大，进而给消费等支出项目带来负面影响。一方面，财富的积累通过对外直接投资或者资本流出的方式流向其他经济体，促进了经常账户产生盈余；另一方面，收入差距的扩大导致贫富差距的扩大，进而对消费结构产生影响，加速了经常账户盈余的积累。对于具有服务业优势的经济体而言，尤其是欧美发达国家由于具有较发达的金融业，其他行业与发达金融业之间的差距造成内部收入差距扩大，引起储蓄-消费结构的失衡和需求失衡。另外，发达金融业对国际资本的吸引带来了资本账户赤字，资本账户赤字和美元的霸权地位又进一步促进了金融业的开放和发展，

表 5-5　影响机制的估计结果：收入差距的扩大机制

Panel A：相对生产力对收入差距的影响				
变量	总样本	高收入经济体	中等收入经济体	低收入经济体
$RCAF$	0.018***	0.022**	0.032***	0.359*
	(3.20)	(2.05)	(5.18)	(1.85)
N（个）	1972	957	638	348
Within-R^2	0.1118	0.0576	0.2410	0.2155
Panel B：收入差距对经济失衡程度的影响				
变量	总样本	高收入经济体	中等收入经济体	低收入经济体
$Income\_gap$	0.103***	0.052	0.195**	0.225***
	(5.60)	(1.50)	(2.37)	(2.70)
N（个）	1972	957	638	348
Within-R^2	0.0465	0.1298	0.1302	0.0805

注：*、**和***分别表示在10%、5%和1%的水平上显著；（）内为 Driscoll-Kraay 标准差调整后的 t 值。

加剧了收入和消费失衡，内部消费和对外进口均增加，推动了经常账户赤字持续以及贸易逆差增加。

（三）异质性分析

1. 考虑不同经济体类型的异质性分析

恰如前文所述，目前的全球经济失衡问题较为复杂，考虑到影响各国经常账户余额内在因素的差异性，需要对不同类型国家的相对生产力影响经济失衡的表现特征进行区别分析。鉴于此，本部分拟进一步考察相对生产力对不同类型经济体经济失衡的影响效应，以期更加全面深入地了解部门相对生产力与经常账户余额之间的关系。我们在世界银行对各个经济体进行收入分类的基础上，将 68 个经济体分为高收入经济体、中等收入经济体和低收入经济体三种类型，验证相对生产力（RCAF）与经济失衡程度（CA）之间的关系，估计结果见表 5-6。

表 5-6　异质性分析：经济体类型

变量	(1)	(2)	(3)	(4)	(5)	(6)	(5)	(6)
	总样本		高收入经济体		中等收入经济体		低收入经济体	
RCAF	0.431***	0.481**	0.043***	0.023**	0.009	0.015*	-0.068	-0.142
	(0.229)	(0.235)	(4.80)	(2.37)	(1.03)	(1.69)	(0.23)	(1.69)
gdpper		0.124***		0.066***		0.136*		-0.005
		(0.027)		(3.93)		(1.77)		(-0.02)
gdpgro		-0.003		-0.035		-0.004		0.209**
		(0.032)		(-1.06)		(-0.05)		(2.49)
depenratio		-0.123***		-0.108***		-0.072**		-0.124*
		(0.028)		(-3.4)		(-1.95)		(-1.75)
open		0.014**		0.022***		0.066***		-0.141***
		(0.008)		(3.45)		(4.82)		(-4.72)

变量	(1)	(2)	(3)	(4)	(5)	(6)	(5)	(6)
	总样本		高收入经济体		中等收入经济体		低收入经济体	
exchangerate		-0.023 ***		-0.061 ***		-0.079 ***		0.008
		(0.006)		(-5.35)		(-6.44)		(0.65)
financial		-0.038 ***		-0.027 ***		-0.053 ***		-0.014
		(-0.006)		(-5.73)		(-3.42)		(-0.43)
截距	-6.053 ***	3.045 ***	-0.335 ***	9.805 ***	-1.721 ***	6.734 **	-6.273 ***	11.843
	(1.245)	(1.927)	(-0.42)	(4.35)	(-1.65)	(2.21)	(-4.10)	(1.47)
Within-R^2	0.0025	0.0596	0.0153	0.1191	0.0000	0.1831	0.0005	0.0833
时间	yes	yes	yes	yes	yes	yes	yes	yes
个体	yes	yes	yes	yes	yes	yes	yes	yes
N（个）	1972	1972	957	957	638	638	348	348

注：*、** 和 *** 分别表示在 10%、5% 和 1% 的水平上显著；（ ）内为 Driscoll-Kraay 标准差调整后的 z 值。

就部门相对生产力的影响效应来看，高收入经济体和中等收入经济体的相对生产力与经济失衡程度之间表现出显著的正向关系，且高收入经济体的影响系数较大，即对于高收入经济体来说，制造业-服务业的相对生产力对经济失衡程度的影响最大，这可能是由于高收入经济体一般属于服务业较为完善、效率高的经济体，经常账户盈余和赤字对制造业或服务业生产力的变动最为敏感。对于中等收入经济体而言，当制造业发展具有优势时，能够促进出口，进一步加速经常账户盈余的产生。需要特别提到的是，低收入经济体的影响效应表现略有不同，即随着制造业-服务业的相对生产力的提升，经常账户余额在缩小。对此的解释是，低收入经济体制造业生产力的提升，意味着它们满足自身需要的能力在提升，贸易改变有限，从而引起经常账户余额的反方向变动。

开放度和实际有效汇率对三种不同收入水平的经济体经济失衡程度的影响效应表现出较大差异。低收入经济体的开放度对其经济

失衡程度表现出负向显著性影响，即随着开放度的提高，经济失衡
程度在下降，这也说明对于低收入经济体，加大力度开放意味着外
部商品更容易进入内部市场，增加了进口，加大了经常账户赤字的
可能。关于汇率因素，低收入经济体的实际有效汇率与经济失衡程
度之间存在正向相关的关系，但不显著，这可能是由于低收入经济
体制造业发展受限，出口规模有限，实际有效汇率对其出口的影响
不显著，进而对经济失衡程度表现出正向但不显著的影响。对于高
收入经济体而言，实际有效汇率与经济失衡程度之间表现为显著的
负向相关关系，意味着实际有效汇率提升促进了进口，经常账户盈
余减少。

2. 考虑不同时间阶段的异质性分析

从第三章全球经济失衡的历史演进来看，全球经济失衡表现出
典型的阶段性特征，这使得各个经济体的相对生产力与经济失衡程
度之间存在时间阶段差异特征。本部分将样本区间划分为三个阶段，
即第Ⅰ阶段（1991~1999 年）、第Ⅱ阶段（2000~2009 年）和第Ⅲ
阶段（2010~2019 年），分别检验了三个阶段相对生产力和比较优势
对经济失衡程度的作用效果，检验结果见表 5-7。

表 5-7　异质性分析：时间阶段

变量	相对生产力		
	1991~1999 年	2000~2009 年	2010~2019 年
RCAF	0.512 (1.53)	1.511*** (4.43)	3.174*** (8.34)
gdpper	0.181** (2.40)	0.088** (2.04)	0.160*** (6.43)
gdpgro	-0.029 (-0.74)	-0.093* (-1.81)	-0.054 (-0.88)
depenratio	-0.063 (-1.40)	-0.127*** (-3.40)	-0.137*** (-3.73)

变量	相对生产力		
	1991~1999 年	2000~2009 年	2010~2019 年
open	0.003 (0.22)	0.015 (1.34)	0.006 (0.61)
exchangerate	−0.025** (−2.17)	−0.019** (−2.24)	−0.016 (−0.90)
financial	0.10 (0.80)	−0.059*** (−6.02)	−0.026*** (−2.68)
截距	0.195 (0.06)	7.490** (2.42)	0.681 (0.20)
N（个）	612	680	680
R²	0.1674	0.2111	0.3690
变量	比较优势		
	1991~1999 年	2000~2009 年	2010~2019 年
Advan_div	0.016*** (11.13)	0.056*** (35.12)	0.655*** (34.85)
gdpper_div	0.145*** (15.56)	0.101*** (17.73)	0.162*** (41.60)
gdpgro_div	−0.047*** (−9.67)	−0.160*** (−21.71)	0.007 (0.97)
depenratio_div	−0.053*** (−9.88)	−0.127*** (−25.36)	−0.092*** (−21.41)
open_div	0.002*** (1.03)	0.023*** (16.61)	0.005*** (4.29)
exchangerate_div	−0.026*** (−18.96)	−0.018*** (−16.85)	−0.000 (−0.07)
financial_div	0.013*** (8.63)	−0.057*** (−48.26)	−0.032*** (−26.47)
截距	−0.001 (−0.00)	−0.000 (−0.00)	−0.000 (−0.00)

续表

变量	比较优势		
	1991～1999 年	2000～2009 年	2010～2019 年
N（个）	41004	45560	45560
R²	0.2333	0.2872	0.5025

注：*、**和***分别表示在 10%、5%和 1%的水平上显著；（）内为 Driscoll-Kraay 标准差调整后的 t 值。

2010～2019 年，相对生产力的系数显著为正，且在三个阶段中最大，是 1991～1999 年的 6 倍多，是 2000～2009 年的 2 倍多，说明在这一阶段，制造业-服务业相对生产力提升显著加剧了经济失衡，即随着全球价值链参与主体制造业优势的凸显，出口得到增加，经常账户盈余得到积累；同理，随着参与主体服务业优势的发挥，进口扩大，促进了经常账户赤字的增加。产业结构比较优势的积累和固化，对全球经济失衡产生了正向显著影响，检验结果表明了相对生产力对经济失衡的影响具有时间阶段差异特征。

（四）稳健性检验

从式（5-1）中可以看出，相对生产力（RCAF）这一指标假定制造业和服务业生产力呈现此消彼长的线性关系，当全球价值链分工发生调整和变化时，制造业的相对发展对应了服务业的相对落后。参考徐建炜和姚洋（2010）的做法，引入非对称指标来衡量相对生产力指标有助于结论的稳健性。对此，设计两种指标：

$$RCAF_1 = \frac{\ln(\text{制造业每小时增加值})}{\ln(\text{金融业每小时增加值})} = \frac{\ln(Value^{manufacture})}{\ln(Value^{service})} \quad (5-6)$$

$$RCAF_2 = \frac{\text{制造业每小时增加值}}{\ln(\text{金融业每小时增加值})} = \frac{Value^{manufacture}}{\ln(Value^{service})} \quad (5-7)$$

在只有关键变量的条件下进行定量分析，表 5-8 中列出了所得的系数，可以看出 6 个回归系数全部为正，其中 4 个系数表现显著。说明经济体所处的全球价值链分工地位越是有利于（不利于）制造业（金融业）的发展，那么就越有可能出现经常账户盈余（赤字）。

表 5-8　稳健性检验（1）

效应	$RCAF$	$\ln RCAF$	$RCAF_1$	$\ln RCAF_1$	$RCAF_2$	$\ln RCAF_2$
固定效应	0.503 (1.28)	2.261* (1.54)	0.611 (0.64)	0.255 (0.37)	0.061 (1.05)	2.564*** (2.50)
随机效应	0.674** (2.07)	2.682** (2.30)	0.693 (1.25)	0.520 (0.78)	0.115* (1.88)	3.416*** (2.50)

注：*、** 和 *** 分别表示在 10%、5% 和 1% 的水平上显著；（ ）内为 Driscoll-Kraay 标准差调整后的 t 值。

在表 5-8 的基础上加入控制变量，系数符号与预期仍然一致（见表 5-9），国际分工可以作为解释经常账户余额增加的重要因素。经济体的制造业发达，就会倾向于通过出口制造产品来带动经济发展，为制造业的中间产品创新、内部市场的扩大、消费的增长等提供条件，从而为经常账户盈余的积累和持续提供条件。与此相对应的是，金融业较发达的经济体通过国际资本流动吸引外资，大量进口以满足内部市场的消费，从而容易产生经常账户赤字和资本账户盈余，随着金融市场的发展，这种失衡会不断加强。因而，不同经济体产业的均衡发展对全球经济再平衡尤为重要。

表 5-9　稳健性检验（2）

变量	（1）	（2）	（3）	（4）
$RCAF_1$	0.291 (0.53)			
$\ln RCAF_1$		0.244 (0.47)		

续表

变量	（1）	（2）	（3）	（4）
$RCAF_2$			0.097*** （4.03）	
$\ln RCAF_2$				2.701*** （5.30）
gdpper	0.094*** （5.39）	0.096*** （5.63）	0.072*** （3.94）	0.054*** （2.89）
gdpgro	−0.001 （−0.05）	0.001 （0.02）	−0.003 （−0.12）	−0.013 （−0.42）
depenratio	−0.092*** （−4.83）	−0.091*** （−4.84）	−0.107*** （−5.63）	−0.087*** （−4.79）
open	0.016** （2.24）	0.015** （2.27）	0.014** （2.16）	0.014** （2.14）
exchangerate	−0.023*** （−3.78）	−0.023*** （−3.78）	−0.023*** （−3.75）	−0.023*** （−3.80）
financial	−0.034*** （−6.07）	−0.033*** （−5.98）	−0.033*** （6.05）	−0.035*** （−6.40）
截距	5.091*** （3.08）	5.221*** （3.40）	5.394*** （3.57）	0.105 （0.06）
R^2	0.4597	0.4007	0.3728	0.3609
N（个）	1972	1972	1972	1972

注：*、**和***分别表示在10%、5%和1%的水平上显著；（）内为 Driscoll-Kraay 标准差调整后的 t 值。

第四节　进一步研究：东亚经济体高储蓄率与美元霸权因素

　　关于全球经济失衡的重要根源，除了基于比较优势的全球价值链分工因素外，还有两个主流因素：东亚经济体较高水平的储蓄率和与之相对应的发达经济体的高消费率，以及美元霸权（制度性根源）。储蓄-投资结构与经济失衡之间的作用表现为，东亚经济体根据自身发展优势积累了贸易盈余，较强的储蓄倾向给资金流向英美等发达经济体创造了条件，随着外汇的积累和持续，导致了贸易失衡。与此同时，源于二战后美元在全球的霸权地位，美国可以无限制向全球输出美元，带来美国经常账户赤字，酿成美国贸易失衡。

根据前文的分析，全球经济失衡反映了在实体领域两国产业结构与全球价值链分工格局之间的内在关系，结合美元霸权和东亚经济体高储蓄率的观点，我们将对受美元霸权和东亚经济体高储蓄率两个因素影响较小的欧元区经济体作为样本进行检验。欧元是欧元区经济体统一的结算工具，受当前美元霸权的影响小于其他经济体，同时未涵盖高储蓄率的东亚经济体。除此之外，考虑到时间跨度尽可能长的因素，这里选取了1999年以前加入欧元区的11个国家[①]1991~2019年的数据进行检验。如表5-10所示，国际分工即相对生产力变量的系数均为正，而且具有显著性，进一步表明全球价值链分工对欧元区经济体的经济失衡具有显著影响效应。

表5-10　东亚经济体高储蓄率和美元霸权因素影响经济失衡的相关检验

变量	对欧元区经济体样本的检验					
	（1）	（2）	（3）	（4）	（5）	（6）
$RCAF$	1.678*** (3.07)					
$\ln RCAF$		3.549** (2.06)				
$RCAF_1$			14.138*** (2.72)			

---

① 具体为奥地利、比利时、芬兰、法国、德国、爱尔兰、意大利、卢森堡、荷兰、葡萄牙和西班牙。

变量	对欧元区经济体样本的检验					
	（1）	（2）	（3）	（4）	（5）	（6）
$\ln RCAF_1$				14.455** (2.34)		
$RCAF_2$					0.167** (2.22)	
$\ln RCAF_2$						2.569* (1.97)
gdpper	0.168*** (3.99)	0.158*** (3.60)	0.166*** (3.92)	0.166*** (3.91)	0.137*** (2.93)	0.140*** (2.80)
gdpgro	0.191* (1.66)	0.197* (1.71)	0.194* (1.69)	0.197* (1.71)	0.184 (1.59)	0.189* (1.64)
depenratio	−0.317*** (−5.50)	−0.271*** (−4.99)	−0.276*** (−5.21)	−0.262*** (−5.02)	−0.293*** (−5.05)	−0.241*** (−4.73)
open	0.046** (2.05)	0.039* (1.71)	0.033 (1.46)	0.032 (1.40)	0.050** (2.23)	0.049** (2.28)
exchangerate	−0.098*** (−4.86)	−0.10*** (−4.82)	−0.090*** (−4.23)	−0.092*** (−4.25)	−0.101*** (−4.97)	−0.103*** (−5.06)
financial	−0.085*** (−0.085)	−0.087*** (−7.02)	−0.087*** (−7.04)	−0.087*** (−7.08)	−0.087*** (−7.05)	−0.089*** (−7.16)
截距	20.936*** (6.34)	21.647*** (6.38)	6.802 (1.16)	20.676*** (6.25)	20.018*** (6.08)	13.745*** (2.74)
N（个）	319	319	319	319	319	319
R^2	0.4468	0.4381	0.4233	0.3437	0.3552	0.4292

变量	剔除美国与东亚经济体样本的回归结果					
	（1）	（2）	（3）	（4）	（5）	（6）
RCAF	0.849*** (4.27)					
$\ln RCAF$		2.381*** (4.27)				
$RCAF_1$			0.387 (0.69)			

续表

变量	剔除美国与东亚经济体样本的回归结果					
	（1）	（2）	（3）	（4）	（5）	（6）
$\ln RCAF_1$				0.262 （0.50）		
$RCAF_2$					0.098*** （3.96）	
$\ln RCAF_2$						2.827*** （5.36）
gdpper	0.096*** （5.36）	0.089*** （4.90）	0.100*** （5.50）	0.099*** （5.45）	0.073*** （3.80）	0.054*** （5.36）
gdpgro	−0.004 （−0.13）	−0.011 （−0.33）	0.001 （0.04）	0.003 （0.09）	−0.002 （−0.06）	−0.013 （−0.04）
depenratio	−0.104*** （−5.25）	−0.097*** （−5.02）	−0.085*** （−4.33）	−0.085*** （−4.33）	−0.101*** （−5.10）	−0.082*** （−4.29）
open	0.014** （2.01）	0.013** （1.97）	0.015** （2.22）	0.016** （2.26）	0.015** （2.17）	0.014** （2.15）
exchangerate	−0.022*** （−3.42）	−0.022*** （−3.45）	−0.023*** （−3.53）	−0.023*** （−3.57）	−0.023*** （−3.54）	−0.022*** （−3.55）
financial	−0.034*** （−5.81）	−0.034*** （−5.80）	−0.035*** （−5.96）	−0.035*** （−5.98）	−0.036*** （−6.08）	−0.037*** （−6.41）
截距	4.596*** （2.95）	5.232*** （3.37）	4.224** （2.55）	4.640** （2.91）	4.865** （3.09）	−0.699 （−0.38）
N（个）	1856	1856	1856	1856	1856	1856
R^2	0.3391	0.3786	0.2300	0.2258	0.3552	0.4292

注：*、**和***分别表示在10%、5%和1%的水平上显著；（）内为 Driscoll-Kraay 标准差调整后的 z 值。

以上对11个欧元区国家进行相关检验的主要缺陷是样本量较小，对此我们采用的处理方法是，从整体样本中剔除了东亚经济体（中国、日本、韩国）和美国。从表5-10的分析结果可见，在剔除美国、东亚经济体后，相对生产力对经济失衡程度依然表现出正向显著影响效应。可以看出，全球价值链分工对经济失衡的影响具有稳健性。全球经济失衡不会因为东亚经济体的高储蓄率或者美元霸权的淡化而消失，经济失衡在一定程度上是基于传统比较优势的国际分工发展的结果。

第五节　小结

全球经济失衡是一国产业结构失衡和现有价值链分工模式发展的直接结果。本章基于制造业和服务业的相对生产力，实证考察了基于传统比较优势的国际分工对全球经济失衡的影响效应和作用机制。具有制造业比较优势的国家将集中要素和资源生产和出口制成品，产生了经常账户盈余；具有金融业比较优势的国家通过集中配置资源提供高效的资本服务，倾向于产生经常账户赤字。全球经济失衡实际上是各国基于制造业-服务业两个部门的相对劳动生产效率差异而形成的价值链分工的副产品。

第六章　全球经济失衡、技术进步
与价值链重构

恰如前文所述，发达国家在资本、技术方面占有优势，将劳动密集型产业转移到发展中国家，最终导致以中美双边互补贸易为代表的贸易不平衡。在此过程中，技术的颠覆性创新和传播的根本性升级促进了发展中国家进行产业结构升级和转型，推动了全球价值链重构。那么，全球经济失衡、技术进步对价值链重构的影响效应表现如何？

第一节　全球经济失衡下的技术进步与价值链重构

在以往的全球价值链分工体系中，中国的贸易结构是以加工贸易、货物贸易、中低端机械电子类为主，在此过程中，虽然积累了较大规模的贸易顺差，但从全球价值链上获得相应附加值被限制了。党的十九大报告指出，我国经济已经由高速增长阶段转向高质量发展阶段，发展阶段的转换要求我国产业向全球价值链的中高端环节跃升。近年来，受技术变革、劳动力成本变化等因素的影响，跨国公司不断调整它们在全球范围内的生产布局，以全球生产再组织以及全球产业转移为主要特征的价值链重构不断推进（谭人友、葛顺奇和刘晨，2016）。尤其是在 2008 年国际金融危机后，全球价值链重构现象十分明显：一方面，发达国家推行"再工业化"战略，把振兴制造业作为经济增长和提高国际竞争力的重要抓手；另一方面，随着要素成本的上升，中国的低劳动力成本优势减弱，某些劳动密集型制造业开始向更具成本比较优势的东南亚国家转移。面对发达国家制造业回流和本土生产成本的增加，加快技术创新、提高劳动者素质和管理水平是经济增长的重要推力，以此加快培育在全球价值链分工体系中新的竞争优势。

以往文献试图从各国在全球价值链中位置的决定因素（Costinot and Rodriguez-Clare，2013；Biesebroeck and Zhang，2014；Hillberry，Fernandes and Alcántara，2018）、在全球价值链中位置变化的动因（McCalman and Spearot，2013；Aichele and Heiland，2018）以及参与全球价值链分工变化引发的国内产业结构、要素结构变化等多个方面考察影响价值链重构的内在和外在因素，以及以上因素对价值链重构的影响效应。在现有的价值链分工体系中，发展中国家被锁定在价值链的低附加值环节，进入门槛低但竞争激烈，所从事的加工和组装环节并未显著提升技术水平。张会清和翟孝强（2019）认为作为国家战略，工艺、产品、功能和链条逐步升级的流程并不能有效带动经济体向高端跃升。还有观点认为，科技创新是实现价值链攀升的重要途径（谭人友、葛顺奇和刘晨，2016）。

基于此，本章主要集中分析三个方面的内容。第一，将全球经济失衡、技术进步与价值链重构纳入同一个分析框架，考察全球经济失衡、技术进步因素对价值链重构的影响效应，这有助于考察技术的溢出效应，识别全球价值链重构的经济失衡背景以及为产业转型升级提供思路。第二，在研究方法上，将采用 Levinsohn-Petrin（LP）半参数估计法估计不同经济体制造业的全要素生产率来代表技术进步变量，并结合基于世界投入产出数据库测算的价值链重构指标，测算技术进步对全球价值链重构的影响效应，有助于全面衡量技术的溢出效应和价值链重构背后的重要推力。第三，本章考察技术进步对不同类型经济体、不同类型制造业行业价值链重构的影响效果，有助于更加清晰地识别技术进步对价值链重构影响效应的异质性。

第二节　全球经济失衡对价值链重构的影响机制

（一）规模变化机制

在新古典经济学理论中，规模变化意味着随着生产规模的扩大，企业的长期平均成本下降。经济活动成本的降低和经济的长期增长是规模经济的作用，从技术进步对规模变化的影响来看，在技术因素不变的条件下，随着某一区间内不断扩大的生产规模，生产一单位单一或复合产品的平均成本存在递减趋势，说明存在规模经济效应和空间。随着区域经济空间的扩展，规模经济的范围不再限于企业内部，更广范围的规模经济以及空间层面的规模经济显得更为重要。对于单个区域来说，规模经济意味着产业在空间上的高度集聚，集聚降低了包括运输成本在内的各种成本，提升了基础设施的利用效率，加快了知识溢出。

规模扩大降低了成本，促进了效率提升。在经济全球化条件下，规模扩张更需要依赖生产要素、产品和资源的自由流动，进而辐射到区域化的效率提升，进一步促进区域的一体化发展。反之，如果生产要素的流动受到限制，建立了区域壁垒，导致劳动力、资本、技术等在区域内外无法实现充分和自由流动，经济活动无法高效率运转，规模经济效应也就无法发挥。因而，规模变化机制的运行更加需要自由的、公平的、畅通的发展环境，在集聚高端要素的基础上，通过资源的优化配置，实现产业规模的扩张进而促进劳动和资本生产率的提升，实现产能扩大后的规模效应和经济效益。

（二）结构转型机制

历史上，任何国家在经济高速发展时，都会历经从产业规模的扩张到产业结构的快速优化的演进过程。对于中国经济的快速发展，产业规模的扩大和产业结构的升级起了关键作用（陈栋、靳涛和褚敏，2014）。集中化、均衡化的经济和产业结构有助于提高一国的经济发展质量，推动产业在全球价值链上的位置变化。

经济全球化进程下，各国参与国际分工意味着其中间产品市场容量与范围扩大和外部竞争多变，进而引发企业内、产业间升级及其背后的要素再配置，具体表现在三个方面。一是各国中间产品生产有了可选择的新的进口投入。Colantone 和 Crino（2014）以欧洲 25 国的数据分析发现，各国在获得新的进口投入之后，生产的规模经济和产品质量都得到显著改进，成为增长新引擎。二是引发进口产品与国内原有产品的竞争。Bugamelli、Fabiani 和 Sette（2010）利用意大利企业样本分析发现，技术相对不成熟、劳动密集型的公司更容易受到来自中国的竞争，其他公司更专注于国内的尖端技术。也有研究表明中国的竞争迫使墨西哥的加工业进行企业内技术升级（从低技术、劳动密集型的制造过程向高附加值、技术密集型的制造过程发展）、产业间升级（大量要素从服装等"老"行业流向技术密集型行业）。三是伴随着企业内技术升级和产业间升级，全球价值链各位置上的要素密集度不断变化，又进一步强化了相应经济体的产业地位。

无论是发达经济体还是新兴经济大国，除了参与全球价值链的跨国企业以外，还有更大规模的没有直接参与全球价值链的企业群体，跨国企业和非跨国企业共同构成了完整的国内生产体系和国内价值链，组成的产业体系相互促进、相互竞争，推动一国经济的增长和产业结构的优化。进一步来看，这两类企业在经济全球化条件下以不同方式嵌入全球价值链并进行产业升级，并且更多地表现为参与和不参与全球价值链的竞争和合作。跨国企业根据国际供需动向调整生产布局，非跨国企业承接了其中中间产品的生产，并且通过不断创新呈现以中间产品创新替代进口的倾向。经过长期发展，中间产品创新推动了产业结构优化，进而促进了产业价值链发生重构。

（三）技术进步机制

全球经济失衡的突出表现是经常账户失衡，经常账户失衡必然对应着资本账户差额的积累，资本账户盈余带来跨境资本流动和对外直接投资等活动。国际资本在流动中主要以投资的方式通过产业转移、逆向技术溢出和市场内部化效应三条途径影响企业价值链调整（刘斌、王杰和魏倩，2015）。

首先，边际产业转移的事实表明，外资进入产业领域显著推动了产业升级（Kojima，1978），外资作用于产业结构改善的本质是资源重新优化再配置的过程。对外直接投资具有绕开贸易壁垒、降低贸易成本和开拓国际市场的优势，从而可以将一国处于比较劣势的产业转移到国外进行生产，这不仅降低了国内传统产业的负担，同时也释放了国内相对稀缺的生产要素，这部分生产要素可以转投到附加值更高的新技术产业和服务行业，有助于推动产业的功能升级和链条升级。

其次，逆向技术溢出效应。随着发展中国家从事的对外投资活动增加，它们与发达国家的技术领先企业逐步建立了紧密的联系，通过学习其先进技术获得正面的外溢效应，降低了生产成本，再进一步利用与发达国家跨国公司及其相关产业的合作关系，实现知识获取，获得反向外溢，通过改善工艺流程来提高产品质量和技术复杂度，推进产品升级，促进企业参与高附加值环节。具体体现为：

一是发展中国家跨国企业在发达国家进行绿地投资或跨国并购，通过模仿、吸收和创新提高了自身的研发水平；二是对外投资企业快速跟随发达国家的最新技术发展动态，利用产业关联探索自身产业链条的提升路径；三是发展中国家跨国企业通过利用海外优质人力资本，提升自身对高新技术的吸收能力和研发水平。

最后，市场内部化效应。产业在优化升级中受到核心技术、稀缺资源的限制，而"资源寻求型"和"战略资产寻求型"的对外直接投资在很大程度上是在寻求和获取关键要素和自然资源的供给，以此获得领先技术，占据世界市场资源的定价主动权，进一步通过扩大规模降低交易费用，提高企业生产率，在此过程中促使企业发生了价值链升级（Buckley and Casson，1976）。

全球经济失衡状态下，经济体之间、经济体内部会形成不同结构的博弈行为：对于不同经济体而言，在全球经济失衡背后的跨境资本流动和对外直接投资下，通过技术创新、技术溢出和产业结构演变促进了全球价值链分工体系的地位变化；从经济体内部来看，在全球经济失衡背景下，不参与全球价值链分工的部门与参与全球价值链分工的部门之间进行竞争和合作，加快了产业结构的升级转型，内部价值链的升级推动了该经济体在国际分工中地位的提升。综上所述，全球经济失衡影响价值链重构的途径可以绘制成图6-1。

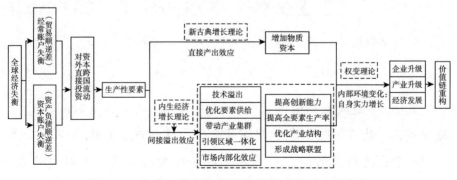

图6-1　全球经济失衡影响价值链重构的理论框架

第三节　全球经济失衡影响价值链重构的
模型构建与指标设计

（一）模型构建

基于上述逻辑分析思路，本部分拟通过构建系统化的计量经济学模型对经济失衡、技术进步与价值链重构之间的关系进行检验。我们选取了 43 个经济体 18 个制造业行业作为样本进行分析，之所以这样考虑，是因为新兴经济体的经济发展，从某种意义上是制造业不断融入全球价值链的过程（郑江淮和郑玉，2020）。考虑到技术因素对制造业全球价值链分工地位影响的滞后性以及为了缓解经济变量之间的同期反向因果问题，在基准回归模型中采用核心解释变量的滞后项，并且加入经济失衡与技术进步的交互项。同时，考虑到全球价值链分工地位的相对变化具有持续性的可能，在基准回归模型中采用动态面板模型进行回归估计，构建的固定效应面板数据模型如下：

$$\ln GVC\_DIFF_{cit} = \beta_0 + \beta_1 Gimb_{i(t-1)} + \beta_2 Gimb_{i(t-1)} \times lp_{i(t-1)} + \beta_3 lp_{i(t-1)} +$$
$$\sum_m \gamma_m X_{it} + \zeta_c + \delta_i + \lambda_t + \varepsilon_{cit} \qquad (6-1)$$

$$\ln RELAT\_GVC\_P_{cit} = \alpha_0 + \alpha_1 Gimb_{i(t-1)} + \alpha_2 Gimb_{i(t-1)} \times lp_{i(t-1)} +$$
$$\alpha_3 lp_{i(t-1)} + \sum_m \gamma_m X_{it} + \zeta_c + \delta_i + \lambda_t + \varepsilon_{cit} \qquad (6-2)$$

其中，c 是国家和地区代码，i 是行业代码，t 表示时间。β_0 为截距项，ζ_c 代表不随行业和时间变化的个体效应，δ_i 表示不随个体和时间变化的行业效应，λ_t 表示不随个体和行业变化的时间效应，ε_{cit} 为随机误差项。GVC_DIFF_{cit} 和 $RELAT\_GVC\_P_{cit}$ 分别指相对全球价值链地位指数和相对全球价值链参与度指数，$Gimb$ 代表经济失衡，lp 是技术进步变量，X 表示控制变量。

技术因素对全球价值链重构影响的 OLS 估计可能存在内生性问题，主要来源两个方面。一是遗漏变量导致 OLS 方法低估技术进步变量的系数。在基准回归模型中，通过控制个体变量、行业变量和时间变量，减缓了价值链重构的不客观因素和经济周期对系数估计的影响，一定程度上缓解了潜在的内生性问题。不仅如此，还会存在一些不可观测因素尚未被捕捉。比如，政治资源会通过获得国家重大产业投资项目和财政金融支持等影响价值链升级和经济增长（范子英、彭飞和刘冲，2016）。由于政治资源变量对全球价值链的影响存在不确定性，因此基准回归模型的 OLS 估计系数很可能存在误差。二是技术进步与价值链重构之间可能存在反向因果关系。尽管在基准回归模型中已将技术进步变量的滞后一期作为解释变量来缓解反向因果问题，但并不能从根本上解决。因此，本部分计量模型设计并不能排除反向因果关系及其造成 OLS 系数被低估的可能。

（二）变量说明

（1）被解释变量。相对全球价值链地位指数与相对全球价值链参与度指数。全球价值链重构用来反映一国在参与价值链分工中相对地位和参与程度的变化，我们通过构建两两国家之间的相对全球价值链相关指数来表示价值链重构。两个指数的具体计算方法见第四章第三节。

（2）核心解释变量。经济失衡（$Gimb$）。鉴于分析样本的选择，本章经济失衡指标采用行业的出口与进口差额与行业贸易总额的比值来表示。技术进步（lp）。创新能力的高低在一定程度上可以通过研发支出来体现，目前可以获得的相关数据是部门或行业整体的研发支出，分行业的研发支出数据难以获取，参照龚关和胡关亮（2013）的研究，采用 Levinsohn-Petrin（LP）半参数估计方法估计出各经济体各行业的全要素生产率来代表技术进步变量。

Levinsohn-Petrin 半参数估计法是在 Olley-Pakes（简称 OP）方法上的升级和改进，它没有延续 OP 方法中关于代理变量严格单调的要求，不要求总产出与投资之间保持单调关系；同时，使用工业品的中间投入替代投资，测算生产率对投入-产出效率的作用，有利于解决生产函数估计的联立性误差问题。在此，采用工业增加值（*added _value*）作为产出，以年末员工人数（*labor*）、固定资产净值（*capital*）作为要素投入变量，以工业中间投入（intermediate_ good）作为不可观测生产率冲击的代理变量（*proxy*）来计算全要素生产率。数据来自社会经济账户（Socio Economic Accounts，SEA）。

（3）控制变量。①人力资本（*emp*）：使用高技能员工的工作时间与行业总工作时间的比例来代表。②劳动力成本（*cost*）：使用每千位员工的劳动补偿金额来衡量。③固定资本（*k*）：利用每千位从业人员配置的固定资本金额来表示。对劳动力成本（*cost*）和固定资本（*k*）均取自然对数，达到控制异方差和离群值的目的。④经济制度（*inst*）。我们使用国家和地区层面的经济自由度指数（Indexes of Economic Freedom）代表各经济体的经济制度，数据来源于美国传统基金会和《华尔街日报》。经济自由度指数的范围在 0 和 100 之间，它源于法律组织结构、金融发展程度、商业管制等方面子指标的合成，各子指标涵盖知识产权、贸易障碍、价格管控、腐败管制等，有效刻画某一经济体的制度水平。

表 6-1 和表 6-2 分别报告了变量的构造过程和描述性统计结果。以 2005 年的美元价格来表示相关数据，GDP 平减指数来自 Timmer、Los 和 Stehrer 等（2013）的研究。

表 6-1　变量的构造过程

类别	名称	构造过程
被解释变量	相对全球价值链地位指数 *GVC_DIFF*	见第四章第三节
	相对全球价值链参与度指数 *RELAT_GVC_P*	见第四章第三节
核心解释变量	经济失衡 *Gimb*	行业净出口与贸易总额的比值
	技术进步 *lp*	基于 Levinsohn-Petrin 半参数估计法计算的全要素生产率
控制变量	经济制度 *inst*	经济自由度指数
	人力资本 *emp*	高技能员工的工作时间占行业总工作时间的比重（WIOD-SEA）
	固定资本 *k*	每千位从业人员配置的固定资本金额（WIOD-SEA）
	劳动力成本 *cost*	每千位员工的劳动补偿金额（WIOD-SEA）

表 6-2　变量的描述性统计结果

变量	均值	标准差	均值	标准差	均值	标准差
			发达经济体		发展中经济体	
GVC_DIFF	0.122	0.201	0.112	0.195	0.134	0.208
RELAT_GVC_P	0.647	0.174	0.642	0.170	0.654	0.179
Gimb	0.030	0.120	-0.003	1.151	0.409	1.019
lp	4.411	0.255	4.452	0.187	4.358	0.315
ins	67.216	8.128	70.523	6.405	62.972	8.134
ln*emp*	3.773	2.134	3.395	2.036	4.260	2.157
ln*k*	9.330	3.410	8.725	3.286	10.106	3.412

变量	均值	标准差	均值	标准差	均值	标准差
			发达经济体		发展中经济体	
lncost	7.723	3.479	7.118	3.278	8.499	3.576

注：人力资本（*emp*）变量采用 ln（1+原值）的形式做了对数化处理；发达经济有美国、日本、韩国、德国、英国、澳大利亚、加拿大、法国、希腊、爱尔兰、意大利、斯洛文尼亚、奥地利、比利时、塞浦路斯、捷克、丹麦、芬兰、卢森堡、马耳他、荷兰、葡萄牙、斯洛伐克、西班牙 24 个，其余 19 个为发展中经济体。

（三）制造业行业分类

我们根据国家统计局印发的标准《高技术产业（制造业）分类（2017）》，将 18 个制造业行业（见表 6-3）分为低技术制造业（LT）、中低技术制造业（MLT）以及中高与高技术制造业（MHTHT）。其中，低技术制造业包括 7 个行业，分别为食品、饮料、烟草制品业，纺织、服装及皮革制品业，木材、木制品及草编等制造业，纸和纸制品业，记录媒介物的复制及印刷业，焦炭和石油精炼业，家具及其他制造业；中低技术制造业涵盖 8 个行业，分别为化学品制造业，橡胶和塑料制品业，其他非金属矿物制品业，基本金属制造业，金属制品业，机械设备制造业，汽车、挂车及半挂车制造业，其他运输设备制造业；中高与高技术制造业包含 3 个行业，分别为医药产品制造业，计算机、电子及光学设备制造业，电力设备制造业。

表 6-3　制造业行业描述

序号	对应的 ISIC 编码	WIOD 分类	行业名称
1	C10~C12	C5	食品、饮料、烟草制品业
2	C13~C15	C6	纺织、服装及皮革制品业
3	C16	C7	木材、木制品及草编等制造业

序号	对应的 ISIC 编码	WIOD 分类	行业名称
4	C17	C8	纸和纸制品业
5	C18	C9	记录媒介物的复制及印刷业
6	C19	C10	焦炭和石油精炼业
7	C20	C11	化学品制造业
8	C21	C12	医药产品制造业
9	C22	C13	橡胶和塑料制品业
10	C23	C14	其他非金属矿物制品业
11	C24	C15	基本金属制造业
12	C25	C16	金属制品业
13	C26	C17	计算机、电子及光学设备制造业
14	C27	C18	电力设备制造业
15	C28	C19	机械设备制造业
16	C29	C20	汽车、挂车及半挂车制造业
17	C30	C21	其他运输设备制造业
18	C31~C32	C22	家具及其他制造业

资料来源：根据 OECD 产业划分和《高技术产业（制造业）分类（2017）》匹配所得。

第四节　全球经济失衡对价值链重构的影响效应

本节采用 Stata 15 对式（6-1）和式（6-2）所示的模型进行估计。本章的数据包括个体、行业、时间三个维度的面板数据，所以采用固定效应模型进行估计，并在实证检验过程中控制了个体效应、行业效应和时间效应，以有效控制变量遗漏问题。

（一）基准回归结果

表 6-4 中关于全样本的检验结果表明，技术进步（lp）与经济

失衡（*Gimb*）的交互项对被解释变量具有显著性正向影响，表明经济失衡下的技术进步推进了价值链重构。因此，通过技术创新路径提升经济体在全球价值链分工体系中的地位更有利于它在国际竞争中塑造竞争优势。

表6-4　经济失衡、技术进步影响全球价值链重构的检验

变量	相对全球价值链地位指数					
	全样本	发达经济体	发展中经济体	低技术制造业	中低技术制造业	中高与高技术制造业
	OLS	FE	FE	FE	FE	FE
Gimb	0.047*	−0.004	0.035	0.010	0.014*	0.030***
	(1.90)	(−0.50)	(1.38)	(1.18)	(1.86)	(4.52)
Gimb×lp	0.010***	−0.013**	0.008*	0.051*	0.066**	0.105
	(2.91)	(−2.06)	(1.89)	(1.68)	(2.37)	(0.38)
lp	0.042**	0.016*	0.043*	0.016*	0.024**	0.005
	(2.39)	(1.81)	(1.86)	(1.68)	(2.37)	(0.38)
ln*k*	0.014**	0.015**	0.007	0.013*	0.004	0.013*
	(2.46)	(2.55)	(1.13)	(1.47)	(1.24)	(1.73)
ins	0.000	0.000	0.001*	0.000	0.000	0.000
	(0.88)	(0.94)	(1.62)	(0.28)	(1.24)	(0.34)
ln*emp*	0.010**	−0.016**	−0.004	−0.026***	0.004	0.013***
	(2.05)	(−2.22)	(−0.68)	(−3.61)	(0.78)	(2.96)
ln*cost*	0.004**	0.001	0.002	0.001	0.002	0.018***
	(2.48)	(0.61)	(0.82)	(0.63)	(0.77)	(3.38)
截距	0.957	0.6194***	0.824***	0.629***	0.775***	0.428***
	(0.69)	(12.26)	(7.89)	(12.06)	(19.21)	(5.05)
Within-R^2	0.0211	0.0127	0.0101	0.0289	0.0156	0.1021
时间	yes	yes	yes	yes	yes	yes
行业	yes	yes	yes	yes	yes	yes
个体	yes	yes	yes	yes	yes	yes
N（个）	10708	6180	4690	4157	4787	1890

续表

变量	相对全球价值链参与度指数					
	全样本	发达经济体	发展中经济体	低技术制造业	中低技术制造业	中高与高技术制造业
	OLS	FE	FE	FE	FE	FE
$Gimb$	0.139***	−0.099***	0.068**	0.096*	0.110***	0.093***
	(3.36)	(−12.49)	(2.11)	(1.70)	(11.54)	(8.88)
$Gimb×lp$	0.014**	−0.266***	0.016**	0.005	0.034**	0.102***
	(1.77)	(−6.81)	(2.47)	(1.42)	(2.28)	(2.68)
lp	0.058*	0.092***	0.012	0.077*	0.095***	0.053***
	(1.69)	(6.81)	(0.38)	(1.42)	(7.69)	(2.68)
$\ln k$	0.006	0.030**	0.008	0.015	0.066**	0.005
	(0.62)	(2.07)	(0.81)	(1.03)	(2.37)	(0.46)
ins	0.000	0.000	0.001*	0.001*	0.000	0.001
	(1.45)	(0.14)	(1.85)	(2.36)	(1.16)	(0.72)
$\ln emp$	0.027***	0.079***	−0.004	0.017*	0.036***	0.061***
	(3.73)	(7.09)	(0.41)	(2.6)	(2.75)	(3.02)
$\ln cost$	0.006*	0.017***	0.025***	0.023***	0.017***	0.028***
	(1.88)	(4.56)	(5.56)	(5.08)	(3.54)	(3.64)
截距	−0.097	0.368***	0.122	0.215	0.370***	0.428***
	(−0.63)	(4.28)	(0.80)	(0.75)	(5.24)	(5.05)
Within-R^2	0.2729	0.2263	0.2322	0.1724	0.2194	0.1021
时间	yes	yes	yes	yes	yes	yes
行业	yes	yes	yes	yes	yes	yes
个体	yes	yes	yes	yes	yes	yes
N（个）	10708	6180	4690	4157	4787	1890

注：*、** 和 *** 分别表示在 10%、5%和 1%的水平上显著；（）内为 Driscoll-Kraay 标准差调整后的 t 值。

（二）内生性检验

对于内生性的考虑和处理，在 18 个制造行业层面很难找到合适的工具变量来控制潜在的内生性问题。国际经济学研究中常用的方法是以核心解释变量的滞后项作为解释变量来控制内生性。我们将

经济失衡变量 *Gimb* 及其与技术进步变量的交互项滞后一期作为解释变量。从表6-5中的检验结果可以看出，经济失衡（Lag*Gimb*）、经济失衡与技术进步的交互项（Lag*Gimb×lp*）对价值链重构表现出显著的正向影响效应。技术进步（*lp*）也表现出了显著促进价值链重构的作用。这些结果与基准回归结果基本一致，说明内生性问题得到有效控制。

表6-5 内生性检验：核心解释变量滞后一期

变量	相对全球价值链地位指数					
	全样本	发达经济体	发展中经济体	低技术制造业	中低技术制造业	中高与高技术制造业
	OLS	FE	FE	FE	FE	FE
Lag*Gimb*	0.071***	−0.061***	0.077***	0.069***	0.068***	0.068***
	(12.95)	(−9.84)	(9.50)	(6.62)	(8.19)	(8.19)
Lag*Gimb×lp*	0.067***	−0.101**	0.073***	0.105*	0.040**	0.040**
	(2.6)	(−2.37)	(2.23)	(1.90)	(2.25)	(2.25)
lp	0.033***	0.035**	0.023**	0.048***	0.041**	0.014
	(3.89)	(2.28)	(2.28)	(3.32)	(2.31)	(0.95)
ln*k*	0.008	0.014	0.039***	0.024	0.039***	0.022***
	(0.73)	(1.15)	(3.55)	(1.42)	(3.02)	(2.70)
inst	0.013*	0.000	0.001*	0.341**	0.000	0.000
	(1.69)	(0.23)	(1.75)	(2.29)	(0.58)	(0.18)
ln*emp*	0.032***	0.079***	0.004	0.024**	0.038***	0.60***
	(4.13)	(6.83)	(0.52)	(2.52)	(3.02)	(3.04)
ln*cost*	−0.014***	−0.013***	−0.016***	−0.019***	−0.011**	−0.022***
	(−5.21)	(−3.97)	(−3.88)	(−4.49)	(−4.85)	(−2.70)
截距	0.245***	0.320***	0.271***	0.179**	0.335***	0.080
	(5.16)	(3.64)	(5.43)	(2.44)	(4.85)	(0.63)
Within-R^2	0.1172	0.1557	0.1272	0.1095	0.1256	0.1838
时间	yes	yes	yes	yes	yes	yes
行业	yes	yes	yes	yes	yes	yes
个体	yes	yes	yes	yes	yes	yes
N（个）	10708	6180	4690	4157	4787	1890

变量	相对全球价值链参与度指数					
	全样本	发达经济体	发展中经济体	低技术制造业	中低技术制造业	中高与高技术制造业
	OLS	FE	FE	FE	FE	FE
Lag$Gimb$	0.003 (0.66)	−0.007* (−1.71)	0.014*** (2.84)	0.014*** (2.84)	0.013*** (2.15)	0.024*** (3.15)
Lag$Gimb$×lp	0.026* (1.70)	−0.255** (−1.88)	0.028* (1.66)	0.028* (1.66)	0.010* (1.93)	0.023* (1.88)
lp	0.009* (1.67)	0.158* (1.72)	0.081*** (2.87)	0.041*** (2.86)	0.026** (2.42)	0.006 (0.76)
ln$k$	0.008* (1.66)	0.081* (1.64)	0.105* (1.71)	0.034** (2.29)	0.026** (2.42)	0.027** (2.70)
$inst$	0.000 (0.86)	0.000 (0.86)	0.058** (2.13)	0.001 (0.95)	0.000 (1.09)	0.000 (0.32)
lnemp	0.009** (2.02)	0.021** (2.39)	0.063** (1.98)	0.024** (2.52)	0.003 (0.49)	0.015*** (2.90)
ln$cost$	−0.002 (−0.23)	−0.170* (−1.72)	−0.003* (−1.45)	−0.018*** (−4.37)	−0.004* (−1.67)	−0.016*** (−2.98)
截距	0.676*** (21.49)	0.630*** (11.70)	0.668*** (17.19)	0.187** (2.53)	0.792*** (18.81)	0.447*** (5.08)
Within-R^2	0.0877	0.2130	0.0218	0.1018	0.0917	0.0889
时间	yes	yes	yes	yes	yes	yes
行业	yes	yes	yes	yes	yes	yes
个体	yes	yes	yes	yes	yes	yes
N（个）	10708	6180	4690	4157	4787	1890

注：*、**和***分别表示在10%、5%和1%的水平上显著；（）内为 Driscoll-Kraay 标准差调整后的 t 值。

（三）影响机制检验

技术进步显著促进了价值链重构，其内在的传导机制是什么？众所周知，技术进步的核心是技术创新及其转移和扩散，技术溢出效应表现为对供给结构和需求结构的作用。首先，各种科学和技术

的变动综合在一起影响产出的边际成本，从而影响全要素生产率的
变动，科技进步完全体现在规模变动之中（周方，1998）。技术创
新、技术变革有效促进了原有产业部门的改造和新兴部门的建立，
促进了经济规模的扩大，带来了规模效应，推动了产业结构转型升
级。其次，技术进步是人力资本形成的重要诱因（苏莲，2012）。在
开放条件下，技术进步会诱致人力资本投资增加，加速人力资本形
成，有利于产业结构转型升级。对此，我们选择从规模效应和人力
资本效应两个方面考察技术进步影响价值链重构的内在机制。首先，
基于动态面板模型考察技术进步对规模变化机制和人力资本积累机
制的作用效果；其次，基于动态空间面板模型分别考察上述两个机
制对价值链重构的影响效应。在指标选取方面，我们选用了增加值
来测度产业规模（scale）；就人力资本积累而言，我们采用人均资本
补偿来衡量人力资本（hm_capital）。

　　机制实证检验模型主要有两步回归模型，它可以有效识别各种
机制变量的计量显著性，却不能对中间变量的贡献差异进行评价。
对此，本部分使用中介效应模型来检验影响机制对价值链重构的边
际效应。建立的中介效应模型如下：

$$Segment_{cit} = \alpha_0 + \alpha_1 \ln lp_{i(t-1)} + rX_{it} + \zeta_c + \delta_i + \lambda_t + \varepsilon_{it} \tag{6-3}$$

$$\ln GVC\_DIFF_{cit} = \alpha_0 + \alpha_1 \ln lp_{i(t-1)} + \alpha_2 Segment_{cit} + rX_{it} + \zeta_c + \delta_i + \lambda_t + \varepsilon_{it} \tag{6-4}$$

$$\ln RELAT\_GVC\_P_{cit} = \alpha_0 + \alpha_1 \ln lp_{i(t-1)} + \alpha_2 Segment_{cit} + rX_{it} + \zeta_c + \delta_i + \lambda_t + \varepsilon_{it} \tag{6-5}$$

　　在式（6-3）中，Segment 为中介变量，包括产业规模（scale）、人
力资本（hm_capital），两项相关指标数据均来源于世界银行数据库；
其他变量含义与前文相同。式（6-3）~式（6-5）分别为技术进步
对中介变量的影响估计方程、技术进步和中介变量对相对全球价值

链地位指数和相对全球价值链参与度指数的影响估计方程，它们组成的回归估计方程系统构成了技术进步对价值链重构影响的中介效应模型。

当中介效应模型中 lnlp 和 $Segment$ 变量的系数均通过显著性检验时，则表明技术进步对价值链重构的影响存在中介效应，并可进一步将总效应分解为间接效应和直接效应。由表6-6的 Panel A 可以看出，技术进步对规模变化影响的间接效应、直接效应和总效应均显著为正，表明技术进步促进了规模扩大，科技进步和技术变革有利于区域经济扩大规模，从而促进空间集聚效应和规模效应的形成。Panel B 中的结果表明，规模变化显著正向促进了全球价值链重构的推进，即规模效应有利于参与主体在更低的成本转嫁率下实现给定的出口和就业扩张，减弱了出口扩张目标与福利损失之间的共生性，有助于增强产能优势和提升产出效率，改善产业结构，促进产业转型

表6-6　规模变化机制的估计结果

Panel A：技术进步对规模变化的影响			
变量	直接效应	间接效应	总效应
lnlp	0.0126 *** (0.002)	0.0371 *** (0.006)	0.497 *** (0.019)
Within-R^2	0.6222		
N（个）	11473		

变量	Panel B：规模变化对全球价值链重构的影响					
	相对全球价值链地位指数			相对全球价值链参与度指数		
	直接效应	间接效应	总效应	直接效应	间接效应	总效应
$scale$	0.1139 *** (0.040)	0.1342 *** (0.161)	0.2481 *** (0.189)	0.0728 *** (0.645)	0.0186 (0.093)	0.0914 *** (0.818)
Within-R^2	0.3514			0.2336		
N（个）	11473					

注：*、** 和 *** 分别表示在10%、5%和1%的水平上显著；（）内为相应的标准误。

131

升级。检验结果表明，技术进步通过规模变化机制对价值链重构产生影响是成立的。

从表6-7来看，在 Panel A 中，技术进步影响人力资本积累的直接效应、间接效应和总效应均显著为正，说明在高技能劳动力供给缺乏弹性的情况下，劳动力市场会表现出高低技能劳动力之间工资差距的拉大，使人力资本收益率上升，诱致人力资本投资增加，促进了人力资本的形成。Panel B 中，人力资本积累正向促进了全球价值链重构的总效应、直接效应和间接效应，表明人力资本积累有助于提高生产率，推动产业结构由劳动密集型向知识、资本、技术密集型转变；同时，产业结构的优化升级也会增加创新型人力资本需求，推动人力资本结构的变化。人力资本积累是推动产业结构转型和升级的重要因素，也进一步验证了技术进步通过人力资本积累机制显著影响了价值链重构。

表6-7 人力资本积累机制的估计结果

Panel A：技术进步对人力资本积累的影响			
变量	直接效应	间接效应	总效应
lnlp	0.1950 *** (0.062)	4.0741 *** (1.459)	4.2691 *** (1.492)
Within-R^2	0.3793		
N（个）	11473		

Panel B：人力资本积累对全球价值链重构的影响						
变量	相对全球价值链地位指数			相对全球价值链参与度指数		
	直接效应	间接效应	总效应	直接效应	间接效应	总效应
$hm\_capital$	0.0071 * (0.004)	0.0190 ** (0.009)	0.0261 *** (0.009)	0.0202 * (0.007)	0.1901 ** (0.098)	0.2103 ** (0.100)
Within-R^2	0.2364			0.1871		
N（个）	11473					

注：*、** 和 *** 分别表示在 10%、5% 和 1% 水平上显著；（ ）内为相应的标准误。

（四）异质性分析

1. 考虑经济体类型的检验

对不同类型经济体的检验结果在表 6-4 中报告：交互项 $Gimb \times lp$ 的回归系数显著，说明全球经济失衡下不论是对于发达经济体还是对于发展中经济体，推动技术进步都对其全球价值链地位有影响。然而，对于发达经济体而言，系数显著为负，说明全球经济失衡背景下，技术创新不利于发达经济体全球价值链地位的保持，可能的原因是技术溢出效应的存在导致发展中经济体可以利用引进与吸收的技术更快地实现内部生产并出口；相反，发展中经济体推进技术创新，有利于在全球经济失衡背景下提升自身的全球价值链地位，这和实际情况相符。

2. 考虑制造业行业类型的检验

对不同类型制造业行业的检验结果也在表 6-4 报告：交互项 $Gimb \times lp$ 的回归系数均为正，说明全球经济失衡下，对于不同技术水平的制造业，各经济体推动技术进步都有助于提升全球价值链地位。但系数的显著性存在差异，结果表明，对于中高与高技术制造业，技术进步对各经济体全球价值链地位提升的促进作用不明显。原因可能是中高和高技术制造业往往被发达国家掌控，技术进步的边际效用较弱。另外，相比低技术制造业，对于中低技术制造业，技术进步对各经济体全球价值链地位提升的促进作用更强。原因可能是中低技术制造业产品在当前的国际贸易中面临最为激烈的竞争，在它们身上的技术进步最能促使技术进步经济体获得出口优势，从而提升全球价值链地位。

（五）稳健性检验

为了检验基准回归结果的稳健性，本部分选取了"数字鸿沟"

变量来替代技术进步展开分析，即探讨信息通信技术的国别差距对价值链重构的影响。"数字鸿沟"的本质就是以国际互联网为代表的新兴信息通信技术在普及和应用方面的不平衡现象，这种不平衡体现在不同地理区域、不同发展水平的国家之间，同时也体现在一个国家内部不同地区、不同人群之间。这里根据世界银行的世界发展指数数据库中的互联网使用比（*inter*）来代表国际互联网普及程度。

在表6-8的检验结果中，对于相对全球价值链地位指数和相对全球价值链参与度指数来说，"数字鸿沟"对价值链重构的影响效应显著为正。说明了在"数字鸿沟"存在的形势下，各个经济体发生价值链地位转变的可能性更高，一些经济体充分利用自身互联网等信息技术发展的先发优势，不断提高自身价值链地位和参与度，扩大和巩固在全球价值链中的优势。从而说明，基准回归结果稳健。

表 6-8　稳健性检验：以"数字鸿沟"替代技术进步

变量	相对全球价值链地位指数				
	OLS	FE	FE	FE	FE
inter	0.0009*** (13.33)	0.0010*** (11.95)	0.0010*** (11.66)	0.0010*** (11.44)	0.0010*** (11.59)
ln*cost*		−0.0104** (−2.07)	−0.0103** (−2.06)	−0.0010 (−0.19)	−0.0006 (−0.07)
ins			0.0001 (0.27)	0.0000 (0.10)	0.0000 (0.11)
ln*emp*				0.0101*** (4.32)	0.0101*** (4.02)
ln*k*					0.0129* (1.18)
截距	0.1672*** (49.18)	0.0884* (2.31)	0.0824* (1.80)	0.0896* (1.95)	0.0843* (1.80)
Within-R^2	0.0989	0.1026	0.1026	0.1125	0.1135
时间	yes	yes	yes	yes	yes

续表

变量	相对全球价值链地位指数				
	OLS	FE	FE	FE	FE
行业	yes	yes	yes	yes	yes
个体	yes	yes	yes	yes	yes
N（个）	11500	11499	11499	11189	11182

变量	相对全球价值链参与度指数				
	OLS	FE	FE	FE	FE
inter	0.0002***	0.0002***	0.0002***	0.0003***	0.0002***
	（3.43）	（11.95）	（3.92）	（11.44）	（3.52）
ln*cost*		−0.0038	−0.0036**	−0.0041	−0.0092*
		（−1.15）	（−1.10）	（−1.11）	（−1.87）
ins			0.0004	0.0005*	0.0005
			（1.48）	（1.68）	（1.83）
ln*emp*				0.0013	0.0023*
				（0.92）	（1.89）
ln*k*					0.0070*
					（1.98）
截距	0.6383***	0.6673***	0.6927***	0.7095***	0.6980***
	（236.03）	（26.24）	（22.13）	（21.61）	（20.19）
Within−R^2	0.0074	0.0083	0.0092	0.0108	0.0118
时间	yes	yes	yes	yes	yes
行业	yes	yes	yes	yes	yes
个体	yes	yes	yes	yes	yes
N	11500	11499	11499	11189	11182

注：*、**和***分别表示在10%、5%和1%的水平上显著；（ ）内为 Driscoll-Kraay 标准差调整后的 t 值。

第五节　小结

本章从全球经济失衡、技术进步影响价值链重构的视角构建理论模型，利用 2000～2014 年涵盖全球具有代表性的 43 个经济体 18 个制造行业的世界投入产出表数据，系统考察了全球经济失衡、技术进步与全球价值链重构之间的关系，以及影响效应的作用机制。

（1）全球经济失衡倒逼了价值链重构。现有全球价值链分工由于产业结构优势的因素在中短期带来了贸易失衡，长期来看，贸易失衡推动了价值链重构，重构有利于经济恢复再平衡，全球经济失衡在长期具有收敛特征。

（2）技术进步显著促进了价值链重构。在技术上寻求突破是各个经济体提升价值链相对地位和参与度的有效路径。以往与全球价值链相关的创新活动大多由发达国家的龙头企业完成，21 世纪以来新兴市场经济体主动和被动参与创新实践，带来全球创新和研发活动的所有权、控制权和地理区位发生显著变化，在全球生产网络和市场中不断塑造自身优势，推动全球价值链发生重塑。

（3）技术进步对价值链重构的影响具有异质性。技术进步对发达经济体价值链地位的影响为负，而对发展中经济体价值链地位的影响为正。在考虑行业差异后，对于中高与高技术制造业，技术进步对各经济体全球价值链地位提升的促进作用不明显；相比低技术制造业，对于中低技术制造业，技术进步对各经济体全球价值链地位提升的促进作用更强。

（4）就影响机制来说，技术进步通过规模变化机制和人力资本积累机制对价值链重构产生显著影响。技术进步促进了经济规模的扩张，规模变化对价值链重构产生显著的促进作用；关于人力资本积累机制，技术进步客观上提高了人力资本水平，人力资本的积累有助于资源发生重新配置。影响机制检验结果验证了技术进步影响价值链重构的规模变化机制和人力资本积累机制的存在性。

第七章 全球价值链重构与贸易争端

加入 WTO，有利于中国参与国际经济合作与国际分工，促进中小企业深入全球价值链。随着国际市场上中国产品份额的增加，中外贸易争端明显加剧。那么，中国在全球价值链中地位的提升是否显著加剧了贸易争端？本章构建国家和地区与行业层面的包含全球价值链重构的国际贸易争端计量模型，观察中国企业融入全球价值链重构视角下的中外经贸关系演变走势。

第一节 全球价值链重构影响贸易争端的理论分析与研究假说

（一）全球价值链重构与贸易争端之间的逻辑关联

经济全球化下的国际贸易使不同经济体的产业之间实现了互补，各国形成了相互依存、相互联系的有机经济整体。然而，当前复杂多变的国际政治经济形势打破了传统的国际循环，世界范围内产业结构正在经历新一轮的深刻调整，大规模科技创新活动及产业转移驱动全球价值链重塑。价值链重构在某种程度上意味着原先参与国际分工的主体在全球价值链中地位和参与度的相对变化，这必然对原先的国际贸易利益分配格局产生影响，进而引起国际贸易争端。具体来说，一方面，某经济体在全球价值链中地位的上升可能挤压了其他经济体的利润空间，引发相关主体对它发起贸易制裁；另一方面，某经济体全球价值链参与度的提高强化了贸易伙伴对该经济体的依赖，改善了双方贸易关系紧张的状况。

1. 全球价值链的出口增加值分解

在开放条件下，假设有 3 个经济体，主要研究对象 C 国、贸易伙伴国 A 和第三国 O。C 国行业 x 的上游行业和下游行业分别为 w 和 s，行业 x 的产出主要用于最终品消费和中间品投入。借鉴 Koopman、Powers 和 Wang（2010）提出的总贸易核算法，将出口增加值 E 分解为国内增加值（DVA）、返回增加值（RDV）、国外增加值（FVA）和重复计算部分（PDC）共四个部分，再根据王直、魏尚进和祝坤福（2015）对出口增加值的分解，最终出口增加值 E 的分解构成见表 7-1。

表 7-1　出口增加值分解构成

构成		含义
DVA 被国外吸收的 国内增加值	DVAFIN	最终出口的国内增加值
	DVAINT	被中间国吸收的中间出口
	DVAREX	被中间国生产再被第三国吸收的中间出口
RDV 返回并被本国吸收的 国外增加值	RDVFIN	被中间国生产出口回本国的最终产品
	RDVFIN2	被中间国生产出口至第三国再回本国的中间产品
FVA 国外增加值	FVAFIN	出口隐含的进口国增加值
	FVAINT	出口隐含的其他国增加值
PDC 重复计算部分	DDC	来自国内账户的纯重复计算
	FDC	来自国外账户的纯重复计算

2. 关联产业的行业收益

基于出口增加值分解构成，依据 Erbahar 和 Zi（2017）的研究对 C 国 x 行业前向产业关联的行业收益进行计算，得到：

$$\prod_{cx} = \text{最终消费品形式的增加值部分} + \text{中间投入品形式的增加值部分}$$
$$= DVAFIN_{CXCX} + DVAFIN_{CXAX} + DVAFIN_{CXOX} + (DVAINT_{CXCS} + DVAREX_{CXCS})$$
$$+ (DVAINT_{CXAS} + DVAREX_{CXAS}) + (DVAINT_{CXOS} + DVAREX_{CXOS})$$

$$(7-1)$$

其中，$\prod_{cx}$ 表示 C 国 x 行业的收益；$DVAFIN_{CXCX}$ 指的是 C 国 x 行业在本国范围内的最终消费品增加值，$DVAFIN_{CXAX}$ 是 C 国 x 行业的贸易伙伴国 A 国最终消费品的增加值，$DVAFIN_{CXOX}$ 为 C 国 x 行业出口到第三国 O 国最终消费品的增加值；$DVAINT_{CXCS}+DVAREX_{CXCS}$ 则代表 C 国 x 行业供给其下游 s 行业的中间品投入的增加值，其中 $DVAINT_{CXCS}$ 是 C 国下游 s 行业生产的在国内消费产品所需的中间品投入的增加值，$DVAREX_{CXCS}$ 为供给下游 s 行业生产出口产品所需的中间品投入的增加值；$DVAINT_{CXAS}+DVAREX_{CXAS}$ 与 $DVAINT_{CXOS}+DVAREX_{CXOS}$ 同理类推。

参照周冰惠（2019）的研究，C 国 x 行业供给 A 国下游 s 行业所需的中间品的国内增加值是基于前向产业关联的分解方式的，在从后向产业关联分解 C 国 x 行业收益时可将该部分替换为 A 国下游 s 行业投入的中间品中属于 C 国 x 行业的国外增加值，前后向产业关联替换得到：

$$\prod_{cx} = DVAFIN_{CXCX} + DVAFIN_{CXAX} + DVAFIN_{CXOX} + (FVAFIN_{CXCS} + FVAINT_{CXCS})$$
$$+ (FVAFIN_{CXAS} + FVAINT_{CXAS}) + (FVAFIN_{CXOS} + FVAINT_{CXOS}) \quad (7-2)$$

$FVAFIN_{CXAS}+FVAINT_{CXAS}$ 是 A 国 s 行业生产投入的中间品中属于 C 国 x 行业的增加值，$FVAFIN_{CXCS}$ 和 $FVAINT_{CXCS}$ 分别是 C 国 s 行业最终品投入的中间品中属于 C 国 x 行业的增加值和中间品投入的中品中属于 C 国 x 行业的增加值；其余项以此类推。

由此推理，当一国参与全球价值链的地位发生改变，即该国出口贸易中的增加值部分中的属于本国行业的增加值增加时，它参与贸易分配得到的收益增加，从而挤占了相关贸易主体的贸易收益，而这容易引起相关主体发起贸易制裁等贸易争端行为。

（二）全球价值链重构对贸易争端的影响分析

第一种情况：C 国参与全球价值链相对地位的提升。

假定贸易伙伴国 A 国与第三国 O 国的全球价值链地位相对不变，C 国 x 行业全球价值链地位提升意味着单位出口中的第三国间接增加值部分的增长快于国外增加值部分的增长，即 $DVAREX/E$ 的增长速度快于 FVA/E 的增长速度，同时 $DVAREX_{CXAS}+DVAREX_{CXOS}$ 加速增加。由于 A 国与 O 国的价值链地位相对不变，C 国 x 行业出口至 A 国的第三国中间品增加值 $DVAREX_{CXAS}$ 增加，同时 x 行业出口至 O 国的其他国中间品增加值 $DVAREX_{CXOS}$ 同比例增加。

由式（7-2）对中间品投入的设定可知，下游 s 行业需求的 x 行业的中间品依赖于 A 国 s 行业的总产出，A 国 s 行业总产出又依赖于其他国家对 A 国 s 行业最终品的消费。假定 A 国 s 行业的中间品需求比较稳定，当 C 国 x 行业的价值链相对地位得到提升时，$DVAREX_{CXAS}$ 的增加意味着 A 国 s 行业从 C 国 x 行业进口的中间品 $FVAFIN_{CXAS}+FVAINT_{CXAS}$ 增加，挤出 A 国本国 x 行业投入的中间品部分（$FVAFIN_{AXAS}+FVAINT_{AXAS}$），A 国 x 行业所占的市场份额受到压缩。

依据 Erbahar 和 Zi（2017）关于前向产业关联的行业收益计算方法，A 国 s 行业对 x 行业中间品投入的总需求可以表示为：

$$DemandINT_{xas}=(\sigma_s-1)\beta_{xs}\prod_{AS}=(FVAFIN_{CXAS}+FVAINT_{CXAS})+$$
$$(FVAFIN_{AXAS}+FVAINT_{AXAS})+(FVAFIN_{OXAS}+FVAINT_{OXAS}) \quad (7-3)$$

其中，$\prod_{AS}$ 代表了 A 国 s 行业的收益，σ_s 指的是 s 行业产品的替代弹性，$\sigma_s - 1$ 指的是在利益最大化条件下，s 行业购买的中间品成本与其收益之比，β_{xs} 是 s 行业购买的中间品成本中 x 行业的产品占比。

C 国 x 行业价值链地位的相对提升还会促进 $DVAREX_{CXOS}$ 的增加，进而挤出 A 国 x 行业投入 O 国 s 行业的中间品部分（$FVAFIN_{AXOS}$ +$FVAINT_{AXOS}$），A 国 x 行业原本所占的市场份额被压缩。O 国 s 行业对 x 行业中间品投入的总需求为：

$$DemandINT_{xos} = (\sigma_s - 1)\beta_{xs}\prod_{os} = (FVAFIN_{cxos} + FVAINT_{cxos}) +$$
$$(FVAFIN_{AXOS} + FVAINT_{AXOS}) + (FVAFIN_{oxos} + FVAINT_{oxos}) \qquad (7-4)$$

根据式（7-3）和式（7-4）可得，C 国 x 行业相对全球价值链地位的攀升对 A 国 x 行业收益的影响为：

$$\prod_{AX} = 作为最终消费品部分的增加值 + 作为中间投入品部分的增加值$$
$$= DVAFIN_{AXCX} + DVAFIN_{AXAX} + DVAFIN_{AXOX} + (FVAFIN_{AXCS} + FVAINT_{AXCS})$$
$$+ (FVAFIN_{AXAS} + FVAINT_{AXAS}) + (FVAFIN_{AXOS} + FVAINT_{AXOS}) \qquad (7-5)$$

根据上述分析，C 国 x 行业参与国际分工地位的上升，导致其出口产品中的国内增加值部分增加，$FVAFIN_{AXAS}$ +$FVAINT_{AXAS}$ 和 $FVAFIN_{AXOS}$ +$FVAINT_{AXOS}$ 部分被压缩，A 国 x 行业的贸易收益被动下降，驱动 A 国 x 行业对 C 国 x 行业发起反倾销。反倾销是进口国对造成其产业损害的贸易行为采取征收反倾销税等的相关行为，以反倾销法为依据，立足于本国的产业利益，旨在通过提高关税税率，减弱贸易伙伴的贸易竞争力。也就是说，A 国 x 行业对 C 国 x 行业的贸易争端行为加重了 A 国对 C 国 x 行业产品的征税，税率加成表示为：

$$\tau_{ACx} = 1 + t_{ACx} + t_{ACx}^{AD} \times Anti_{AC} \qquad (7-6)$$

t_{ACx} 是 A 国 x 行业对 C 国征收的正常关税税率，t_{ACx}^{AD} 是在价值链地位相对变化后的反倾销关税税率，$Anti_{AC}$ 代表 A 国对 C 国的反倾销行为的虚拟变量，贸易争端发生时取值为 1，反之取值为 0。当发起反倾销调查并启动相关制裁措施时，反倾销关税的存在抬高了 C 国 x 行业产品在 A 国的市场价格，压制了 A 国市场对 C 国 x 行业的产品需求，相关需求转向其他国家。由此可见，当一国某行业在全球价值链中的地位有所攀升时，该经济体该行业的最终品或中间品贸易存在替代效应，促使贸易伙伴国对该国发起反倾销调查等行为，引起了贸易争端的发生，贸易双方的相关利益或将受损。因而提出以下理论假设：

　　　　假设 1：一国在全球价值链中的地位提升引起贸易伙伴国对它发出贸易制裁，即全球价值链重构对贸易争端存在"催化效应"。

　　第二种情况：C 国全球价值链参与度的相对提高。

　　当 A 国对 C 国 x 行业实施反倾销措施时，C 国 x 行业的供给相对减少，收益降低，$\Delta\Pi < 0$。C 国 x 行业依据产出的需求决定上游 w 行业的中间品投入，需求 $DemandINT_{WCX}$ 下降，在 A 国与 O 国价值链地位保持相对不变的情况下，A 国与 O 国的上游 w 行业生产中间品出口至 C 国 x 行业的市场都将发生萎缩。

$$DemandINT_{WCX} = (\sigma_x - 1)\beta_{wx} \prod{}_{CX} = (FVAFIN_{CWCX} + FVAINT_{CWCX}) +$$
$$(FVAFIN_{AWCX} + FVAINT_{AWCX}) + (FVAFIN_{OWCX} + FVAINT_{OWCX})$$

$$(7-7)$$

　　其中，Π_{CX} 代表 C 国 x 行业的收益，σ_x 是 x 行业的产品替代弹性，$\sigma_x - 1$ 是在利益最大化的前提下 x 行业购买的中间品成本与其收益之比，β_{wx} 是 x 行业购买的中间品成本中 w 行业产品占比。A 国 w 行业的收益表达式为：

Π_{AW} = 作为最终消费品部分的增加值 + 作为中间投入品部分的增加值

$$= DVAFIN_{AWCW} + DVAFIN_{AWAW} + DVAFIN_{AWOW} + (FVAFIN_{AWCX} + FVAINT_{AWCX})$$
$$+ (FVAFIN_{AWAX} + FVAINT_{AWAX}) + (FVAFIN_{AWOX} + FVAINT_{AWOX}) \qquad (7-8)$$

当 A 国对 C 国 x 行业实施贸易摩擦行为时，A 国 w 行业收益将降低至：

$$\overline{\Pi}_{AW} = DVAFIN_{AWCW} + DVAFIN_{AWAW} + DVAFIN_{AWOW} + f(\tau_{ACx})$$
$$\times (FVAFIN_{AWCX} + FVAINT_{AWCX}) + (FVAFIN_{AWAX} + FVAINT_{AWAX})$$
$$+ (FVAFIN_{AWOX} + FVAINT_{AWOX}) \qquad (7-9)$$

其中 τ_{ACx} 为 A 国对 C 国 x 行业实施贸易制裁的关税税率加成，$f(\tau_{ACx}) < 1$。A 国对 C 国 x 行业提出反倾销调查出于维护本国行业既得的贸易利益，但同时贸易制裁作为"双刃剑"也给 A 国 w 行业收益带来损失。随着 C 国 x 行业全球价值链参与度的相对提高，A 国上游 w 行业越依赖 C 国 x 行业，A 国对 C 国 x 行业实施反倾销措施，$DVAREX_{CXAS} + DVAREX_{CXOS}$ 的增长受到抑制，随着 C 国 x 行业全球价值链参与度提高，A 国上游 w 行业对 C 国 x 行业的出口依赖也加强，A 国上游 w 行业出口到 C 国的中间品（$FVAFIN_{AWCX} + FVAINT_{AWCX}$）增加，A 国上游 w 行业在反倾销行为中的损失增加。A 国上游 w 行业收益变为：$\Delta\Pi = [1 - f(\tau_{ACx})] \times (FVAFIN_{AWCX} + FVAINT_{AWCX})$。此时，A 国更有倾向选择尽快结束此次反倾销行为。因而，提出相关理论假设：

假设 2：一国全球价值链参与度的提高对它所遭遇的贸易摩擦具有抑制作用，即全球价值链重构对贸易争端存在"润滑效应"。

第二节　全球价值链重构影响贸易争端的模型

（一）模型构建

根据理论分析，对于 j 行业而言，假设中国起初相对于贸易伙伴 i 的价值链地位落后，如果中国在该行业参与全球价值链分工的地位有所提高，贸易伙伴 i 的贸易利得被挤压，为了维持自身在国际分工中的既有地位和国际贸易分配利益，该经济体会针对中国在该行业发起反倾销调查等，引起双方之间的国际贸易争端。另外，中国 j 行业在全球价值链中的参与度越高，越有利于所遭遇的贸易制裁行为的终止，即越是深度融入国际分工，越是有利于抑制贸易摩擦行为的发生。对此建立相应的 Probit 模型：

$$AD_{i,j,t} = \alpha + \beta GVC\_DIFF_{i,j,t} + \gamma X_{i,j,t} + \delta_f + \varepsilon_{i,j,t} \tag{7-10}$$

$$AD_{i,j,t} = \kappa + \varphi RELAT\_GVC\_P_{i,j,t} + \lambda X_{i,j,t} + \eta_f + \varepsilon_{i,j,t} \tag{7-11}$$

在式（7-10）和式（7-11）中，$AD_{i,j,t}$ 代表 t 年贸易伙伴 i 对中国 j 行业发起反倾销调查；全球价值链重构变量使用 $GVC\_DIFF_{i,j,t}$ 和 $RELAT\_GVC\_P_{i,j,t}$ 来表示，分别代表中国的相对全球价值链地位指数和相对全球价值链参与度指数，$X_{i,j,t}$ 代表控制变量。根据前文分析，$GVC\_DIFF_{i,j,t}$ 的系数为正，即随着中国参与价值链分工地位的提高，将面临更多的反倾销调查；$RELAT\_GVC\_P_{i,j,t}$ 的系数为负，随着中国在全球价值链中参与度的提高，贸易争端减少。

（二）变量说明

（1）被解释变量。反倾销调查使用四个指标来测度：一是 t 年

贸易伙伴 i 是否对中国 j 行业发起反倾销诉讼（*Initiation*），发起取值为 1，反之取值为 0；二是 t 年特定贸易伙伴 i 对中国 j 行业发起反倾销诉讼的案件数量（*Number*）；三是在发起的反倾销诉讼案件中，被确认构成实质性损害的数量（*Injury*）；四是在发起反倾销诉讼的案件中，被确认存在倾销行为的数量（*Dumping*）。上述四个指标的数据来源于世界银行数据库，该数据库统计了不同经济体之间产品层面的贸易争端数据。它对行业以 HS 编码，全球价值链重构指数计算涉及的 WIOD 以 ISIC 进行编码，因而需要对行业数据库进行匹配，首先按照 WTO 海关编码对 HS 进行统一，其次将统一后的编码与 ISIC 编码进行匹配并归入经济活动系统（NACE），最后将 NACE 归入 WIOD，得到最终匹配数据。

（2）核心解释变量。全球价值链重构指数，使用相对全球价值链地位指数和相对全球价值链参与度指数来测度。两个指数的具体计算方法见第四章第三节。

（3）控制变量。基于理论分析和数据可得性，本部分筛选了五类主要影响贸易争端的控制变量。第一类指标是行业的整体规模 ln*go*，行业规模通过总产出取对数来表示。总产出表征了经营规模的大小，规模越大，生产工序和环节越多，预示该行业的体量和发展潜力越大。第二类指标是行业价格水平（*GO_PI*），使用总产出的价格水平来测度。价格水平是国际贸易争端发起的重要理由之一，贸易制裁发起方通常都以贸易产品价格水平偏低为由发起贸易争端。第三类指标是行业的生产效率（*productivity*），使用人均增加值来表示。不同经济体间竞争的核心和贸易争端的产生原因归根结底是关于生产效率的竞争。第四类指标表征行业的要素密集度属性，使用行业劳动报酬率（*LAB*）和资本报酬率（*CAP*）来表示，劳动报酬率较高，代表倾向于是劳动密集型行业，资本报酬率较高，代表倾向于资本密集型行业。第五类指标考察行业所含的技术水平（*tech-*

nology），用单位时间的产出来表示。

（三）数据处理

在数据处理方面做如下说明。（1）WIOD 涵盖包含服务业在内的 56 个行业的相关数据，结合核心被解释变量"贸易争端案件数量"来源的"临时性贸易壁垒数据库"中关于反倾销案件所属行业的特征，我们选取了美国、欧盟、日本、印度等 12 个中国主要的贸易伙伴 2000～2014 年的相关行业数据进行检验和分析。（2）本章重点探讨因经济体参与全球价值链重构引起贸易伙伴发起的贸易争端问题，因此剔除了相对于贸易伙伴始终保持优势分工地位的行业，即相对全球价值链地位指数和相对全球价值链参与度指数在 15 年间始终为正的行业。（3）考虑到制造业是国家经济竞争力的核心并且制造业是当前中国遭受国际贸易争端最严重的领域，选取中国与主要贸易伙伴的 18 个制造业细分行业作为研究对象。

第三节 全球价值链重构影响贸易争端的检验结果

（一）基准回归结果

1. 相对全球价值链地位的提高对贸易争端的影响

基准回归结果（见表 7-2）显示，相对全球价值链地位指数的回归系数显著为正，反映了当中国某行业相对于贸易伙伴参与国际分工的地位有所提升时，中国该行业遭遇的反倾销调查案件会增多，面临被制裁的可能性加大。也就是说，中国在全球价值链中的地位提升会导致它遭遇贸易制裁。

表 7-2　相对全球价值链地位指数影响反倾销调查

变量	*Initiation*	*Number*	*Injury*	*Dumping*
GVC_DIFF	0.0720 ***	0.1044 ***	0.0214 *	0.0824 ***
	(2.82)	(2.85)	(1.87)	(2.92)
控制变量	yes	yes	yes	yes
N（个）	2880	2880	2880	2880
R^2	0.7809	0.7771	0.7778	0.7670
个体	yes	yes	yes	yes
行业	yes	yes	yes	yes
时间	yes	yes	yes	yes

注：*、** 和 *** 分别表示在 10%、5% 和 1% 的水平上显著；（ ）内为 Driscoll-Kraay 标准差调整后的 t 值。

2. 相对全球价值链参与度的提高对贸易争端的影响

由表 7-3 可知，相对全球价值链参与度指数与反倾销调查之间呈显著负向相关关系。即随着中国某行业在全球价值链中参与度的提高，该领域面对的国际贸易争端表现出弱化的趋势。从而验证了中国某行业在全球价值链中相对参与度的提高显著抑制了该行业遭受贸易争端的可能。

表 7-3　相对全球价值链参与度指数影响反倾销调查

变量	*Initiation*	*Number*	*Injury*	*Dumping*
RELAT_GVC_P	−0.0722 ***	−0.1048 ***	−0.0237 *	−0.0827 ***
	(−2.83)	(−2.86)	(−1.96)	(−2.94)
控制变量	yes	yes	yes	yes
（个）	2880	2880	2880	2880
R^2	0.7809	0.7771	0.7778	0.7670
个体	yes	yes	yes	yes
行业	yes	yes	yes	yes

变量	*Initiation*	*Number*	*Injury*	*Dumping*
时间	yes	yes	yes	yes

注：*、** 和 *** 分别表示在 10%、5% 和 1% 的水平上显著；( ) 内为 Driscoll-Kraay 标准差调整后的 t 值。

由检验结果可知，随着全球价值链分工的逐步深化，中国贸易额占全球贸易额的比重不断增加，中国已融入世界经济体系，更多的经济体与中国合作实现互利共赢，促进自身产业结构优化及全球经济增长。中国通过中间产品创新、产业升级转型、扩大内需等方式融入全球价值链重构进程，对自身面临的贸易争端产生了润滑作用，有利于多边和区域加深贸易合作。

（二）异质性分析

在 2008 年国际金融危机爆发之后，制造业的全球布局发生了重大调整。发达国家纷纷纠正先前的"去工业化"进程，相继推行制造业重振以减少进口，采取多项措施以确保"再工业化"战略顺利推进。中国经济发展由出口导向型向内需拉动型转变，减轻对海外市场和技术的依赖，2010 年中国的 GDP 超过日本，成为世界第二大经济体，中美之间的经贸关系开始发生变化。为了检验全球价值链重构对贸易争端的影响效应的异质性，这里分别考察 2000~2008 年和 2009~2014 年两个时段全球价值链重构对国际贸易争端的影响，探讨在金融危机前后，世界主要经济体因中国企业融入全球价值链重构而产生的对华政策的异同。

从相对全球价值链地位指数对反倾销调查影响的时间异质性检验结果（见表 7-4）来看，在 2000~2008 年，*GVC_DIFF* 与遭受的反倾销调查之间呈现显著负向关系，表明在这段时间，中国顺应全球化发展趋势，与各经济体经济发展的联系日益紧密，这个阶段面临的反倾销调查数量随自身相对全球价值链地位的提高有所降低。中国嵌入全球价值链为世界提供了廉价的商品，部分经济体的生产力得到释放，抑制了贸易争端的产生。金融危机之后（2009~2014年），GVC_DIFF 与反倾销调查之间表现出正向关系。随着中国参与全球价值链分工的不断深化，贸易伙伴对中国贸易份额增加、市场占有率提升和相关贸易利益分配表现出负面态度，并实施了相应的制裁。

表 7-4　相对全球价值链地位指数影响反倾销调查：时间异质性

变量	2000~2008 年			
	Initiation	*Number*	*Injury*	*Dumping*
GVC_DIFF	−0. 1004 * (−1. 87)	−0. 1479 ** (−2. 50)	−0. 0083 (−0. 18)	−0. 0000 (−0. 14)
控制变量	yes	yes	yes	yes
R^2	0. 1280	0. 0690	0. 0255	0. 0861
个体	yes	yes	yes	yes
行业	yes	yes	yes	yes
时间	yes	yes	yes	yes
N（个）	1728	1728	1728	1728
变量	2009~2014 年			
	Initiation	*Number*	*Injury*	*Dumping*
GVC_DIFF	0. 1138 (1. 21)	0. 2780 ** (2. 01)	0. 0147 (0. 13)	0. 2697 ** (2. 12)
控制变量	yes	yes	yes	yes
R^2	0. 0468	0. 0381	0. 0233	0. 0437
个体	yes	yes	yes	yes
行业	yes	yes	yes	yes
时间	yes	yes	yes	yes
N（个）	1152	1152	1152	1152

注：*、** 和 *** 分别表示在 10%、5% 和 1% 的水平上显著；（）内为 Driscoll-Kraay 标准差调整后的 t 值。

　　相对全球价值链参与度指数对反倾销调查影响的时间异质性检验结果见表 7-5。在 2000~2008 年，$RELAT\_GVC\_P$ 的系数呈现显著为负的特征，这是因为相对全球价值链参与度指数衡量了经济体参与全球化的深度，即随着中国贸易影响力的增强，中国参与价值链分工的影响力提高，全球经济依存度更高，中国相对全球价值链参与度的提升提高了其贸易合作潜力，拉动了中国外贸发展，参与度的提升对贸易伙伴的反倾销调查行为乃至经贸摩擦产生了抑制作用。2009~2014 年，中国相对全球价值链参与度的提升与贸易争端之间表现出显著正向关系，这种转变意味着中国影响力的提升与其频繁遭受贸易争端有重要联系。

表 7-5　相对全球价值链参与度指数影响反倾销调查：时间异质性

变量	2000~2008 年			
	Initiation	Number	Injury	Dumping
$RELAT\_GVC\_P$	-0.1014** (-2.51)	-0.1504** (-2.53)	-0.0670 (-1.43)	-0.0006 (-0.79)
控制变量	yes	yes	yes	yes
R^2	0.1470	0.0960	0.0316	0.0110
个体	yes	yes	yes	yes
行业	yes	yes	yes	yes
时间	yes	yes	yes	yes
N（个）	1728	1728	1728	1728
变量	2009~2014 年			
	Initiation	Number	Injury	Dumping
$RELAT\_GVC\_P$	0.0011 (1.44)	0.0022* (1.73)	0.0007 (0.85)	0.2587** (2.03)
控制变量	yes	yes	yes	yes
R^2	0.0620	0.0549	0.273	0.0567
个体	yes	yes	yes	yes
行业	yes	yes	yes	yes

续表

变量	2009~2014 年			
	Initiation	*Number*	*Injury*	*Dumping*
时间	yes	yes	yes	yes
N（个）	1152	1152	1152	1152

注：*、**和***分别表示在 10%、5%和 1%的水平上显著；（ ）内为 Driscoll-Kraay 标准差调整后的 t 值。

（三）稳健性检验

鉴于针对某一经济体的贸易制裁可能会反向影响该经济体在全球价值链中的地位与参与度，被解释变量与核心解释变量之间可能存在反向因果关系，造成回归结果存在误差。按照处理内生性的经典方法，对被解释变量取滞后项，尽可能缓解可能存在的内生性问题。除此之外，由于反倾销调查从申请、启动到立案以及制裁正式生效通常需要经历 3~4 年的时间，这里将被解释变量的四期滞后项引入回归方程，通过系统 GMM 法进行检验估计。

在表 7-6 中，核心解释变量 *GVC_DIFF* 的回归系数依然显著为正，表明某一经济体在全球价值链中地位的相对提升可能挤压了贸易伙伴的市场份额和贸易利益，加剧了它所遭受的贸易制裁；核心解释变量 *RELAT_GVC_P* 的回归系数依然显著为负，表明全球价值链参与度相对其他经济体的提升对贸易争端起到了抑制作用。这些说明，本章的基准回归结果十分稳健。

表 7-6　价值链重构对贸易争端影响的稳健性检验（Ⅰ）

变量	相对全球价值链地位指数			
	Initiation$_{-4}$	*Number*$_{-4}$	*Injury*$_{-4}$	*Dumping*$_{-4}$
GVC_DIFF	0.1367***	0.1696***	0.0400*	0.1021***
	（2.99）	（2.65）	（1.89）	（2.92）

变量	相对全球价值链地位指数			
	$Initiation_{-4}$	$Number_{-4}$	$Injury_{-4}$	$Dumping_{-4}$
控制变量	yes	yes	yes	yes
AR（1）检验	0.0020	0.0027	0.0162	0.0015
AR（2）检验	0.7802	0.7761	0.7138	0.7760
N（个）	2112	2112	2112	2112
变量	相对全球价值链参与度指数			
	$Initiation_{-4}$	$Number_{-4}$	$Injury_{-4}$	$Dumping_{-4}$
$RELAT\_GVC\_P$	-0.1337^{***} (-2.92)	-0.1648^{***} (-2.57)	-0.0384^{*} (-1.75)	-0.0975^{**} (-2.13)
控制变量	yes	yes	yes	yes
AR（1）检验	0.2493	0.4278	0.3707	0.4052
AR（2）检验	0.3875	0.5387	0.4320	0.3829
N（个）	2112	2112	2112	2112

注：*、**和***分别表示在10%、5%和1%的水平上显著；（）内为Driscoll-Kraay标准差调整后的t值。

为了检验不同要素密集度行业参与全球价值链重构对贸易争端影响的异质性，借鉴余东华和张维国（2018）按照行业要素密集度的分类，将行业分为劳动密集型行业和资本技术密集型行业。检验结果（见7-7）显示，相对全球价值链地位指数的系数在1%的水平上显著为正，表明无论是对于劳动密集型行业还是资本技术密集型行业，某一经济体参与全球价值链分工地位的攀升加剧了贸易伙伴发起贸易制裁行为；相对全球价值链参与度指数系数的回归结果显著为负，反映了无论是劳动密集型行业还是资本技术密集行业，全球价值链参与度越高，越有利于抑制贸易伙伴发起贸易争端。这些再次说明，本章的基准回归结果十分稳健。

表 7-7　价值链重构对贸易争端影响的稳健性检验（Ⅱ）

变量	相对全球价值链地位指数							
	劳动密集型行业				资本技术密集型行业			
	Initiation	Number	Injury	Dumping	Initiation	Number	Injury	Dumping
GVC_DIFF	0.087 ***	0.114 ***	0.110 ***	0.098 ***	0.022 ***	0.024 ***	0.025 ***	0.031 ***
	(0.016)	(0.002)	(0.019)	(0.018)	(0.005)	(0.006)	(0.006)	(0.006)
R^2	0.160	0.371	0.124	0.291	0.209	0.248	0.254	0.370
N（个）	1668	1668	1668	1668	1212	1212	1212	1212

变量	相对全球价值链参与度指数							
	劳动密集型行业				资本技术密集型行业			
	Initiation	Number	Injury	Dumping	Initiation	Number	Injury	Dumping
RELAT_ GVC_P	-0.14 ***	-0.16 ***	-0.03 *	-0.09 **	-0.02 ***	-0.02 ***	-0.02 ***	-0.03 ***
	(-2.92)	(-2.57)	(-1.75)	(-2.13)	(-0.005)	(-0.006)	(0.006)	(0.006)
R^2	0.685	0.700	0.700	0.716	0.894	0.801	0.754	0.670
N（个）	1668	1668	1668	1668	1212	1212	1212	1212

注：*、** 和 *** 分别表示在 10%、5% 和 1% 的水平上显著；（）内为聚类稳健标准误。

第四节　进一步分析：中美中高技术制造业 贸易视角下的全球价值链重构

　　改革开放后，中美贸易冲突从纺织服装、鞋帽等初级手工品或加工品蔓延至工业品和高科技产品，争议的范围从贸易纠纷扩展到知识产权。这种演变背后有着全球价值链重构的因素，而这一点透过中美之间中高技术制造业[①]出口的增加值分解（见表 7-8）体现出来。

　　[①]　关于中高技术制造业，根据欧盟统计局（Eurostat）按照制造业行业所含技术层次的分类标准确定。

表 7-8 2000~2014 年中美中高技术制造业双边出口分解

单位：百万美元，%

年份	中国对美国的出口							
	出口额	出口占总贸易的比重	DVA占比	RDV占比	FVA占比	PDC占比	最终品占比	中间品占比
2000	5614.7	11.6	84.4	0.2	14.0	1.4	50.2	49.8
2001	6378.0	13.1	85.1	0.2	13.3	1.3	48.9	51.1
2002	8431.4	13.2	84.1	0.2	14.4	1.3	51.1	48.9
2003	11925.5	13.7	81.0	0.2	17.1	1.6	50.6	49.4
2004	17712.3	15.0	78.2	0.3	19.6	1.9	51.8	48.2
2005	22610.0	14.5	77.7	0.3	19.8	2.2	48.6	51.4
2006	28452.9	15.2	77.8	0.3	19.4	2.4	47.1	52.9
2007	38012.9	17.1	77.9	0.4	19.3	2.6	49.5	50.5
2008	44828.3	19.4	78.6	0.5	18.0	2.8	45.3	54.7
2009	33848.8	17.0	82.0	0.5	15.4	2.0	48.9	51.1
2010	45930.7	18.5	79.8	0.6	17.1	2.5	47.2	52.8
2011	56192.8	20.4	79.2	0.7	17.1	2.9	44.0	56.0
2012	55044.5	18.6	80.5	0.8	15.9	2.8	41.2	58.8
2013	59412.4	19.0	81.0	0.8	15.6	2.6	41.1	58.9
2014	66790.0	20.1	82.8	0.9	13.9	2.4	40.0	59.9

年份	美国对中国的出口							
	出口额	出口占总贸易的比重	DVA占比	RDV占比	FVA占比	PDC占比	最终品占比	中间品占比
2000	4824.1	46.5	84.3	2.5	11.2	2.0	50.1	49.9
2001	6568.1	49.7	85.1	2.1	11.0	1.8	54.2	45.8
2002	7417.4	53.6	85.2	2.5	10.4	1.8	53.7	46.3
2003	8886.4	52.1	83.9	3.3	10.4	2.4	47.1	52.9
2004	13158.2	55.6	81.9	3.7	11.4	3.0	45.2	54.8
2005	15179.6	55.0	80.5	4.1	11.8	3.5	45.5	54.5
2006	19934.6	55.4	79.8	3.9	12.6	3.7	47.7	52.3

年份	美国对中国的出口							
	出口额	出口占总贸易的比重	DVA占比	RDV占比	FVA占比	PDC占比	最终品占比	中间品占比
2007	22588.4	55.3	80.0	3.6	12.6	3.7	46.9	53.1
2008	23791.0	52.4	79.0	3.1	13.9	4.0	45.2	54.8
2009	25671.8	57.8	83.7	2.4	11.6	2.3	49.2	50.8
2010	31992.0	60.2	82.0	2.3	13.2	2.5	53.1	46.9
2011	35231.5	60.6	80.1	2.0	15.2	2.7	54.0	46.0
2012	36391.7	59.8	80.3	1.7	15.7	2.3	58.4	41.6
2013	41295.4	59.9	80.1	1.5	16.2	2.2	59.1	40.9
2014	41316.9	58.9	79.6	1.4	17.0	1.9	64.5	35.5

第一，中美双边贸易中的中高技术制造业出口占比差异较大，其中中国对美国出口中的中高技术制造业占比较低（2014年占比为20.1%），且在2008年之后变化幅度较小；相比较而言，美国对中国出口中的中高技术制造业占比超过50%，该部分占比在2008年之后有所收缩。2006年之后，中国对美国的中间品出口占比明显提升，从2007年的50.5%上升至2014年的59.9%，表明我国中高技术制造业增加了中间品出口，产业结构升级推动了价值链从低端向中高端迈进；相反，美国在2007年之后对中国的中间品出口占比不断降低，从2008年的54.8%降至2014年的35.5%。

第二，美国2000~2014年对中国的出口中所含的国外增加值（FVA）占比逐渐增加，尤其是在2008年之后，该比值从2009年的11.6%增至2014年的17.0%；中国对美国出口的该比值从2000年的14.0%增至2007年的19.3%，再由2008年的18.0%降至2014年的13.9%，反映了中国对美国出口中所含国外增加值部分占比先增加后减少，进一步表明中国参与全球价值链分工发生了改变。

第三，重复计算部分（PDC）代表了中间投入品经过多次跨国交易造成的重复计算。2000～2014年中国对美国出口的重复计算部分占比表现出有所增加的态势，美国的中间投入品跨国交易占比先上升后降低，从2008年的4.0%降至2014年的1.9%。由此可见，美国通过重振制造业等政策吸引先前布置的全球制造业回流，使其中高技术制造业有所收缩；中国企业通过中间产品创新等方式延长了产业链，融入全球价值链重构。

从被国外吸收的国内增加值（DVA）来看，中对美与美对中出口中的本国国内增加值占比相当接近，均在80%左右。然而，2000～2007年，中对美较美对中的该比值下降幅度较大；2008～2014年，中国对美国中高技术制造业出口中的本国国内增加值占比从2008年的78.6%增至2014年的82.8%，美国对中国的该比值由2009年的83.7%降至2014年的79.6%；2009～2014年，美国对中国出口中的中间品占比降低和中国对美国出口中的中间品占比上升以及以美国为代表的贸易保护主义的抬头和加剧表现出同步性。随着大规模科技创新活动驱动中国企业融入全球价值链重构，中国在全球价值链中地位和影响力有所提升，中美产业分工从互补走向竞争，美国将中国视为美国在全球科技外交中的竞争者，两国产业竞争态势加强，中美经贸争端加剧。

第五节　小结

本章构建了嵌入全球价值链重构的国际贸易争端计量模型，利用2000～2014年中国与12个主要贸易伙伴18个制造业行业的面板数据，实证检验了中国企业融入全球价值链重构对遭遇的贸易争端的影响效应，得出如下主要结论。第一，在考察期内，中国在全球价值链中的地位相对提升显著加剧了贸易伙伴的反倾销调查行为，该特征在中美中高技术制造业出口增加值分解分析中也得到解释。第二，中国全球价值链参与度的相对提高显著抑制了贸易争端。随着中国制造业扩大规模和提升专业化程度，贸易伙伴与之形成必然的合作惯性和较高的贸易依存度，抑制了中外贸易争端发生的可能。第三，全球价值链重构对国际贸易争端的影响效应表现出时间异质性特征。在2008年前后，中国企业融入全球价值链重构与其遭遇的贸易争端之间表现出相反方向的影响效应，反映了贸易争端更多的是出于对利益分配格局调整的博弈行为。

全球价值链重构带来了全球贸易、资源配置和地缘政治秩序重组，加剧了全球产业布局调整和产业竞争，引发了国际贸易争端。对此，我国需要实施更高水平的对外开放，推动产业链、供应链升级并向全球价值链中高端迈进，减轻因他国实施贸易保护主义政策而可能带来的价值链环境的不确定性、不稳定性等不利影响，推动全球价值链朝着包容性方向优化发展。

第八章 结论、对策与展望

全球经济失衡是一个困扰全球经济发展的老问题，也是近年来世界经济和国际贸易研究中的一项重要课题。本书通过对国际贸易理论、价值链理论和贸易摩擦理论等的借鉴和归纳，规范分析并实证检验了全球经济失衡、价值链重构以及贸易争端之间的内在逻辑关联和它们各自的特征事实。旨在结合中国的发展实际，就如何促进产业平衡充分发展、推动企业和产业迈向全球价值链中高端、优化改革开放新布局和有效参与全球经济治理等提出相关对策建议。

第一节 主要结论

当前，经济全球化遭遇逆流，全球深层次矛盾迭出，世界进入动荡变革期。在传统的国际分工体系中，各经济体根据比较优势主动或被动参与特定产品的不同生产环节，最终形成以发达经济体的跨国企业为主导的全球价值链。一方面，发达国家凭借丰富多样的先进技术处在价值链高端位置，获取了各国比较优势下的绝大多红利，产生了经常账户赤字。另一方面，发展中国家在高级要素相对不足的禀赋条件下，凭借低成本要素低技能优势、未开发的土地与

159

环境等禀赋吸引发达经济体部分产业转移，带动了国内相关产业的发展，成长为新兴经济体，同时形成经常账户顺差。事实上，新兴经济大国如中国，在参与全球价值链分工的过程中，通过逐步扩大中间产品代工或研发设计范围，试图打破"低端锁定"困局，从而推动了全球价值链的解构和重塑，带来全球国际分工格局的调整和变化。

在理论分析的基础上，本书通过构建全球价值链重构指数，探讨了国际分工格局的变化特征和发展趋势，实证检验了全球价值链分工对全球经济失衡的影响机制。构建了全球价值链重构的理论模型以及全球经济失衡下技术进步影响价值链重构的分析框架，从规模变化机制和人力资本积累机制角度验证了技术进步对价值链重构的影响路径，构建了动态计量模型检验了价值链重构与贸易争端之间的内在关联，将国际分工格局调整与变化纳入对外贸易政策的分析框架。

第一，从经济全球化发展的历史逻辑来看，全球经济失衡并不是一种新现象，持续且较大规模的经常账户失衡在一定程度上是发达国家主导的全球产业链和价值链上的要素失衡和利益分配失衡的发展结果。

第二，传统全球价值链分工模式对全球经济失衡具有显著的正向影响。不论是在长期还是在短期，是在一国内部还是全球范围，制造业-服务业相对生产力对经常账户余额均产生显著的正向影响，具有制造业相对优势的经济体倾向于形成经常账户盈余，具有服务业相对优势的经济体更倾向于产生经常账户赤字。

第三，规模扩大、人力资本积累、产业转型升级和科技的实质性进步均是推动价值链重构的重要因素。技术进步，特别是围绕技术进步产生的创新活动提高了劳动生产率，从而有利于发展规模经济来降低成本，促进了价值链分工体系的调整和改变，技术进步对价值链重构的影响效应存在"因经济体类型而异"和"因行业类型而异"的特征。

第四，在经济全球化进程中，中国从积极融入全球价值链到积极参与全球治理体系改革和建设，竞争力与影响力的相对提高是中国遭受贸易争端的重要原因。

第二节　对策建议

当前，国际形势面临百年未有之大变局，国际合作缺失，世界经济充满了不确定性、不稳定性和复杂性。本书探讨了全球经济失衡下的国际分工格局调整逻辑以及全球价值链重构对国际贸易争端的影响，为我国更好地适应内部和外部环境的变化、应对当前世界经济和国际贸易面临的新调整和新变化，做出相应的优化调整和布局奠定了一定的理论基础和提供了一定的实证依据。

第一，优化科技资源布局，提高全要素生产率，以科技创新推动中国产业向高附加值的全球价值链上游跃升。（1）提升企业的技术创新能力。在创新过程中加强市场需求的导向作用，推进自主创新成果的市场转化，推动新技术大规模应用和迭代升级。（2）加强关键核心技术攻关。技术进步通过规模变化机制和人力资本积累机制推动企业参与价值链解构和重构。完善企业学科布局，推动基础学科和前沿研究的均衡发展，加强关键核心技术攻坚，特别是实现核心"卡脖子"技术的自主可控，在部分新产业领域形成非对称性优势。（3）积极营造良好的创新生态环境。广泛集聚科技创新要素，激发科研人员创新创造的动力与活力，健全创新激励机制，强化知识产权保护，为创新提供良好的制度环境。

第二，加大经济结构调整和转型升级力度，建立自主可控的关键产业体系，推动产业链由比较优势向竞争优势转换。（1）充分利用大国工业优势，大力发展以高新技术为基础的先进制造业，加快形成制造业国际竞争新优势。（2）大力发展消费服务、商务服务、生产性服务等现代服务业和新兴服务业，扭转我国服务贸易逆差格局，增强服务业的国际竞争力。（3）加大自主研发力度、注重基础研究和原始研究，以科技创新赢得产业竞争的主导权，加快建成占据全球价值链关键性节点的产业体系。

第三，充分挖掘、培育和利用大规模的、完整的内需体系。面对中美贸易争端和新冠疫情冲击等多重外界环境变化的挑战，中国经济发展需要转向内需拉动。（1）充分发挥收入对消费的基础和引领作用。采取逐步扩大中等收入群体规模、完善社会福利与保障制度、加快公共财政体系建设等措施，确立共享发展成果的政策体系。（2）顺应消费升级趋势，培育新型消费，促进消费向绿色、健康、安全方向发展，鼓励消费新模式新业态发展。（3）改善实体经济营商环境，保护好市场主体的合法权益，激发市场主体活力，弘扬企业家精神，引导投资方向以适应消费需求的增长。

第四，积极参与和推动构建包容性增长的全球价值链，加快价值链良性治理机制的建设和引入。（1）改善全球投资环境，提升外商直接投资的质量和效益。建立更有效更全面的全球性的投资规则，加快推动全新投资政策和全球投资协定的达成。（2）提升全球价值链高质量合作水平，注重利用数字技术建立经贸争端预警指标，来减少影响贸易便利程度的争端成本和非关税壁垒等方面的成本，减少全球价值链的制度障碍。（3）加大力度进行全球基础设施建设，提升价值链参与效率和水平。（4）鼓励不同规模的企业积极投入全球价值链分工体系，通过大中小企业合作计划，推动企业生产能力的升级。

第三节　研究展望

研究世界经济问题最终在于探寻更加平衡、可持续的全球经济治理体系。本书从全球价值链分工角度剖析全球经济失衡的内在成因，也在寻求国际经济形势剧变下中国的发展取向。从国家和产业层面考察经济全球化发展中的经济失衡、国际分工格局演变以及贸易争端问题，有助于我们全面和客观地观察世界经济发展中的国际分工格局调整和变化及其动力因素。然而，参与国际分工的主体具有微观性和多样性，作为经济全球化的参与主体和核心，跨国公司参与价值链重构是它们提高国际贸易竞争力的重要途径，使用行业数据来分析价值链重构并不能完全反映真正的国际分工格局变化趋势。所以，需要进一步重视参与价值链重构的微观主体，从企业层面测算和衡量全球经济失衡与价值链重构等指标的内在关系。

本书从全球化下资源的自由流动和优化配置出发，选取了制造业-服务业单位时间的增加值比值作为比较优势的衡量指标，一定程度上反映了全球经济失衡的直接原因以及国际资本流动与科技创新的交织关系。然而，影响全球经济失衡的因素存在多样性和复杂性，传统国际分工模式对全球经济失衡的影响效应存在交织，下一步需要着重考虑国际分工格局调整与变化和世界经济再平衡的关系，尽可能更全面地挖掘全球经济格局对世界经济长期发展的影响。

本书还规范分析并实证检验了国际分工格局的调整和变化对国际贸易争端的影响效应，以及价值链重构对贸易争端的影响效应所表现的时间异质性。但是，在当前发达经济体和新兴经济体经济发展同步进入衰退、全球贸易和投资遭受重创的形势下，各国经贸磋商共识的达成具有很大的复杂性和挑战性，各国经济发展合作新动向和减少贸易纠纷的应对之策均具有高度不确定性，因此需要引入更加系统和全面的指标和多角度分析国际经济格局与国际贸易争端之间的内在逻辑关系。

参考文献

埃里克·罗尔. 经济思想史 [M]. 北京: 商务印书馆, 1981.

安格斯·麦迪森. 世界经济千年史 [M]. 伍晓鹰, 译. 北京大学出版社, 2003.

鲍晓华, 陈清萍. 反倾销如何影响了下游企业出口? ——基于中国企业微观数据的实证研究 [J]. 经济学 (季刊), 2019, 18 (2): 749-770.

陈炳才. 关注中国经济失衡 [M]. 中国金融出版社, 2007.

陈栋, 靳涛, 褚敏. 地方政府、中央政府对产业结构的双重影响与效应分析——基于中国 1997—2011 年省级面板数据的研究 [J]. 产业组织评论, 2014, 8 (4): 1-19.

陈继勇, 余罡, 葛明. 基于增加值贸易视角的中国对外贸易统计研究——兼与海关统计方式比较分析 [J]. 世界经济研究, 2016 (5): 42-51+135.

陈心颖. 中美贸易逆差对美国就业影响的动态分析 [J]. 经济社会体制比较, 2012 (5): 193-202.

陈勇. 国际产业转移背景下的中国对外贸易摩擦 [J]. 东北财经大学学报, 2007 (3): 32-36.

陈勇. 中美贸易差额的利益格局——基于国际产业转移视角的考察 [J]. 东北财经大学学报, 2011 (6): 59-64.

崔向阳，崇燕．马克思的价值链分工思想与我国国家价值链的构建［J］.经济学家，2014（12）：5-13.

樊海潮，张丽娜．贸易自由化、成本加成与企业内资源配置［J］.财经研究，2019，45（5）：139-152.

范子英，彭飞，刘冲．政治关联与经济增长——基于卫星灯光数据的研究［J］.经济研究，2016，51（1）：114-126.

龚关，胡关亮．中国制造业资源配置效率与全要素生产率［J］.经济研究，2013，48（4）：4-15+29.

韩擎，杨斐然．从产业结构看中美贸易摩擦的特征、原因及趋势［J］.改革与开放，2004（2）：23-24.

洪俊杰．中国开放型经济的双环流理论初探［J］.国际贸易问题，2018（1）：5-6.

胡超，张捷．新形态国际分工与国际经济失衡——基于跨国截面和中美贸易数据的实证［J］.产业经济研究，2011（3）：38-49.

胡方，彭诚．技术进步引起国际贸易摩擦的一个模型［J］.国际贸易问题，2009（9）：61-67.

胡静寅．中美贸易摩擦中的经济民族主义分析［J］.国际经贸探索，2006（4）：14-18.

黄建忠，赵玲．处理中美经贸关系的关键和新思路［J］.清华金融评论，2018（7）：32-33.

黄黎明．中国贸易持续顺差非汇率成因［J］.商业时代，2004（8）：45-46.

黄晓龙．全球失衡、流动性过剩与货币危机——基于非均衡国际货币体系的分析视角［J］.金融研究，2007（8）：31-46.

黄族胜．全球经济失衡与美国宏观经济利益［D］.中国人民大学博士学位论文，2008.

姜安．意识形态与美国对华政策研究［D］.东北师范大学博士学位论文, 2004.

蒋为, 孙浦阳. 美国对华反倾销, 企业异质性与出口绩效 [J]. 数量经济技术经济研究, 2016, 33 (7): 59-76.

蒋伊菲. 中国国际收支状况跟踪研究 [J]. 经济研究导刊, 2009 (16): 76-77.

亢梅玲. 中美贸易不平衡原因分析 [J]. 世界经济研究, 2006 (4): 4-10.

拉塞尔·罗伯茨. 抉择: 关于自由贸易与贸易保护主义的寓言 [M]. 刘琳娜, 栾晔, 译. 中国人民大学出版社, 2001.

雷达, 赵勇. 中美经济失衡的性质及调整: 基于金融发展的视角 [J]. 世界经济, 2009 (1): 62-71.

李春顶, 何传添, 林创伟. 中美贸易摩擦应对政策的效果评估 [J]. 中国工业经济, 2018 (10): 137-155.

李稻葵, 李丹宁. 中美贸易顺差: 根本原因在哪里 [J]. 国际经济评论, 2006 (5): 13-16.

李素琴. 金融霸权、经济虚拟化与中美经济失衡的发生与调整 [J]. 国际经贸探索, 2009, 25 (9): 63-68.

李晓, 丁一兵. 现阶段全球经济失衡与中国的作用 [J]. 吉林大学社会科学学报, 2007, 47 (1): 17-26.

李丫丫, 赵玉林. 战略性新兴产业融合发展机理——基于全球生物芯片产业的分析 [J]. 宏观经济研究, 2015 (11): 30-38+46.

李扬, 殷剑峰. 劳动力转移过程中的高储蓄、高投资和中国经济增长 [J]. 经济研究, 2005 (2): 4-15+25.

李志军. 美国对华出口管制与美对华贸易逆差: 实质与对策 [J]. 国际技术经济研究, 1999 (4): 36-41.

梁会君, 史长宽. 审视中国当前的贸易顺差 [J]. 科技情报开发与经济, 2007 (4): 118-120.

刘斌,王杰,魏倩. 对外直接投资与价值链参与:分工地位与升级模式 [J].数量经济技术经济研究,2015,32 (12):39-56.

刘峰. 中国经常账户失衡的深层次原因探析——美国金融霸权视角 [J].改革与战略,2008,24 (1):42-45.

刘光溪. 全球产业结构调整与世界经济失衡原因探讨 [J].国际贸易, 2006 (10):12-16.

刘建江,闫超,袁冬梅. 美国巨额贸易逆差与经济增长共存的机理 [J]. 国际经贸探索,2005,21 (4):30-34.

刘涛雄,徐晓飞. 互联网搜索行为能帮助我们预测宏观经济吗? [J]. 经济研究,2015,50 (12):68-83.

刘威. 经济全球化背景下的美中贸易失衡研究 [M].武汉大学出版 社,2009.

刘志彪,张杰. 从融入全球价值链到构建国家价值链:中国产业升级 的战略思考 [M].社会科学文献出版社,2009.

刘志彪,张杰. 全球代工体系下发展中国家俘获型网络的形成、突破 与对策——基于 GVC 与 NVC 的比较视角 [J].中国工业经济, 2007 (5):41-49.

刘志彪. 重构国家价值链:转变中国制造业发展方式的思考 [J].世 界经济与政治论坛,2011 (4):1-14.

刘志彪,郑江淮. 价值链上的中国 [M].中国人民大学出版社,2012.

柳剑平,张兴泉. 产业内贸易、产业结构差异与中美贸易摩擦——与中 日贸易摩擦的比较分析 [J].世界经济研究,2011 (5):27-32.

卢佳,王义中,金雪军. 流动性过剩、贸易信贷与持续贸易顺差—— 基于中国货币政策影响贸易收支渠道的经验研究 [J].财经研 究,2008,34 (9):58-70.

罗纳德·麦金农. 美元本位下的汇率:东亚高储蓄两难 [M].王信, 何为,译.中国金融出版社,2005.

马建军，鲁晓东．中美贸易不平衡的原因分析综述［J］．国际商务研究，2009，30（2）：24-30.

迈克尔·波特．竞争优势［M］．陈小悦，译．华夏出版社，2005.

麦金农．经济发展中的货币与资本（第1卷）［M］．李瑶，译．中国金融出版社，2006.

毛蕴诗，王婕，郑奇志．重构全球价值链：中国管理研究的前沿领域——基于SSCI和CSSCI（2002—2015年）的文献研究［J］．学术研究，2015（11）：85-93.

毛蕴诗，郑奇志．论国际分工市场失效与重构全球价值链——新兴经济体的企业升级理论构建［J］．中山大学学报（社会科学版），2016，56（2）：175-187.

茅锐，徐建炜，姚洋．经常账户失衡的根源——基于比较优势的国际分工［J］．金融研究，2012（12）：23-37.

茅锐，张斌．中国的出口竞争力：事实、原因与变化趋势［J］．世界经济，2013（12）：3-28.

苗迎春．中美经贸摩擦研究［M］．武汉大学出版社，2009.

彭刚，苗永旺．宏观审慎监管框架构建的国际借鉴与中国的选择［J］．经济理论与经济管理，2010（11）：15-23.

彭斯达，陈继勇，潘黎．20世纪90年代以来美国对外贸易逆差与经济增长的相关性分析［J］．世界经济研究，2007（9）：63-69.

钱书法，邰俊杰，周绍东．从比较优势到引领能力："一带一路"区域价值链的构建［J］．改革与战略，2017，33（9）：53-58.

邱询旻，于菁，熊豪．从投资、消费的角度分析我国的贸易顺差［J］．贵州财经大学学报，2008（6）：15-19.

桑百川，李玉梅．外国直接投资与我国对外贸易失衡［J］．国际贸易问题，2008（6）：83-88.

沈国兵．贸易统计差异与中美贸易平衡问题［J］．经济研究，2005，

40（6）：82-93.

沈国兵．美国出口管制与中美贸易平衡问题［J］．世界经济研究，2006（3）：71-77.

宋玉华，叶绮娜．美国家庭债务与消费同步运动的周期性研究［J］．国际贸易问题，2012（5）：3-15.

苏莲．技术进步对人力资本形成的影响研究［D］．湖南师范大学硕士学位论文，2012.

谭人友，葛顺奇，刘晨．全球价值链分工与世界经济失衡——兼论经济失衡的持续性与世界经济再平衡路径选择［J］．世界经济研究，2015（2）：32-42+127.

谭人友，葛顺奇，刘晨．全球价值链重构与国际竞争格局——基于40个经济体35个行业面板数据的检验［J］．世界经济研究，2016（5）：87-98.

唐宜红，张鹏杨．中美贸易之争的演变特征，动因及走势［J］．经济研究参考，2018（20）：3-9+21.

田玉红．从外国对华贸易摩擦透视中国产业政策的结构性问题［J］．经济体制改革，2008（2）：40-43.

佟家栋，云蔚，彭支伟．新型国际分工、国际收支失衡与金融创新［J］．南开经济研究，2011（3）：3-15+96.

屠新泉．中国加入WTO以来的美国对华贸易政策［J］．世界经济研究，2007（11）：30-36.

王道平，范小云．现行的国际货币体系是否是全球经济失衡和金融危机的原因［J］．世界经济，2011（1）：52-72.

王洪庆，朱荣林．外商直接投资与我国的出口商品结构优化［J］．世界经济研究，2005（5）：4-7.

王记志，廖湘岳．中国贸易平衡问题研究文献综述［J］．中国流通经济，2009，23（8）：61-64.

王锦锋.中美贸易逆差的转移性分析 [J].经济研究参考,2005（32）:
    30-33.

王晋斌,李南.中国进出口贸易顺差的原因、现状及未来展望 [J].
    经济理论与经济管理,2007（11）:19-25.

王敏,冯宗宪.全球价值链、微笑曲线与技术锁定效应——理论解释
    与跨国经验 [J].经济与管理研究,2013（9）:45-54.

王霞.中美贸易摩擦对全球制造业格局的影响研究 [J].数量经济技
    术经济研究,2019,36（6）:23-41.

王孝松,吕越,赵春明.贸易壁垒与全球价值链嵌入——以中国遭遇
    反倾销为例 [J].中国社会科学,2017（1）:108-124.

王信.我国经常项目大额顺差难以长期持续——全球气候变暖对国
    际收支的潜在影响 [J].国际贸易,2007（9）:27-30.

王艳.中美贸易对中国经济增长的影响分析 [J].消费导刊,2008
    （13）:62-63.

王子先.中国需要有自己的全球价值链战略 [J].国际贸易,2014
    （7）:4-12.

王直,魏尚进,祝坤福.总贸易核算法:官方贸易统计与全球价值链
    的度量 [J].中国社会科学,2015（9）:108-127.

卫瑞,张少军.中间品出口对中国就业结构的影响——基于技能、来
    源地和部门视角的分析 [J].财经研究,2014,40（11）:133-
    144.

卫瑞,张文城,张少军.全球价值链视角下中国增加值出口及其影
    响因素 [J].数量经济技术经济研究,2015,32（7）:3-20.

魏浩,张宇鹏,连慧君.中国出口对目的地企业就业技能结构的影
    响——基于出口目的地企业样本的分析 [J].中国人口科学,
    2019,190（1）:18-34+128.

魏龙,王磊.从嵌入全球价值链到主导区域价值链——"一带一路"

战略的经济可行性分析 [J]. 国际贸易问题, 2016, 401 (5): 104-115.

冼国明, 张岸元. 跨国公司与美国国会对华政治 [J]. 经济研究参考, 2004 (55): 23-29.

小岛清. 对外贸易论 [M]. 周宝廉, 译. 南开大学出版社, 1987: 48-56.

肖志敏, 冯晟昊. 中美贸易摩擦的经济影响分析——基于增加值贸易视角 [J]. 国际经贸探索, 2019, 35 (1): 58-72.

谢建国, 陈漓高. 人民币汇率与贸易收支: 协整研究与冲击分解 [J]. 世界经济, 2002, 25 (9): 27-34.

谢康, 李赞. 货物贸易与服务贸易互补性的实证分析——兼论中美贸易不平衡的实质 [J]. 国际贸易问题, 2000 (9): 47-52.

谢申祥, 张铭心, 黄保亮. 反倾销壁垒对我国出口企业生产率的影响 [J]. 数量经济技术经济研究, 2017, 34 (2): 105-120.

徐建炜, 姚洋. 国际分工新形态、金融市场发展与全球失衡 [J]. 世界经济, 2010 (3): 3-30.

徐康宁. 当代世界经济重大变革的政治经济学分析 [J]. 江海学刊, 2020 (1): 71-78.

杨盼盼, 徐建炜. "全球失衡"的百年变迁——基于经验数据与事实比较的分析 [J]. 经济学 (季刊), 2014 (2): 205-226.

杨培强, 张兴泉. 贸易保护政策对异质性企业影响的实证检验——兼论中美产业内贸易摩擦传导机制 [J]. 国际贸易问题, 2014 (1): 122-132.

杨韬. 中国服务贸易发展现状与提升国际竞争力分析 [J]. 中国外资, 2011 (2): 16.

姚洋, 余淼杰. 劳动力、人口和中国出口导向的增长模式 [J]. 金融研究, 2009 (9): 1-13.

姚枝仲, 刘仕国. 中国国民对外贸易差额 [J]. 国际经济评论, 2006

（5）：22-28.

伊特韦尔. 新帕尔格雷夫经济学大辞典 [M]. 经济科学出版社，1996.

于铁流，李秉祥. 中美贸易摩擦的原因及其解决对策 [J]. 管理世界，2004（9）：67-72+80.

余东华，张维国. 要素市场扭曲、资本深化与制造业转型升级 [J]. 当代经济科学，2018，40（2）：114-123+128.

余万里. 美国贸易决策机制与中美关系 [M]. 时事出版社，2013.

余永定. 中美贸易战的回顾与展望 [J]. 新金融评论，2018（3）：1-28.

余振，周冰惠，谢旭斌，等. 参与全球价值链重构与中美贸易摩擦 [J]. 中国工业经济，2018（7）：24-42.

约瑟夫·阿洛伊斯·熊彼特. 经济发展理论——对于利润、资本、信贷、利息和经济周期的考察 [M]. 叶华，译. 九州出版社，2007.

张成虎，杨梦云. 中美贸易摩擦的国际影响及中国应对策略研究 [J]. 理论探讨，2018（4）：93-98.

张二震，戴翔. 新时代我国对外开放的五大新特征 [J]. 中共南京市委党校学报，2020，106（2）：6-15.

张辉，易天，唐毓璇. 一带一路：全球价值双环流研究 [J]. 经济科学，2017（3）：5-18.

张会清，翟孝强. 全球价值链、汇率传递与出口贸易弹性 [J]. 世界经济研究，2019（2）：85-98+137.

张建新，谢静怡. 中美贸易冲突的扩大及其根源 [J]. 复旦国际关系评论，2014（2）：132-149.

张晓明，董敏杰. 中美贸易不平衡对美国经济的作用机制分析 [J]. 经济问题，2010（10）：113-117.

张燕生. 全球经济失衡与中美的调整责任 [J]. 当代世界，2012（2）：2-7.

张颖．略论美国出口管制与中美高技术产品贸易的反比较优势现象分析 [J].现代财经,2010 (12): 37-42.

张幼文．要素流动与全球经济失衡的历史影响 [J].国际经济评论,2006 (2): 43-45.

张宇燕,冯维江．从"接触"到"规锁": 美国对华战略意图及中美博弈的四种前景 [J].清华金融评论,2018 (7): 24-25.

张宇燕．后疫情时代的世界格局: "三超多强"? [J].世界经济与政治,2021 (1): 1.

赵放,冯晓玲．从内部经济失衡和产业转移看中美贸易失衡 [J].世界经济与政治论坛,2006 (3): 17-23.

赵进文,高辉．中国货币政策行为传导的动态模型检验? ——1993年~2002年的实证分析 [J].南开经济研究,2004 (3): 95-102.

郑江淮,郑玉．新兴经济大国中间产品创新驱动全球价值链攀升——基于中国经验的解释 [J].中国工业经济,2020 (5): 61-79.

中国经济增长与宏观稳定小组．全球失衡、金融危机与中国经济的复苏 [J].经济研究,2009 (6): 4-20.

钟山．关于我国外贸顺差问题的若干思考 [J].求是,2009 (16): 32-34.

钟水映,李魁．人口年龄结构转变对经常项目差额的影响机制与实证分析 [J].世界经济研究,2009 (9): 34-39+88.

赵文军,于津平．中国贸易顺差成因研究——基于跨时最优消费理论的实证分析 [J].经济研究,2008, 43 (12): 29-38.

周冰惠．中国参与全球价值链重构与贸易摩擦问题研究 [D].武汉大学硕士学位论文,2019.

周方．"科技进步"完全体现为"规模经济" [J].数量经济技术经济研究,1998 (10): 18-29.

周江银. 汇改后人民币进一步升值的原因及方式分析 [J]. 福建金融管理干部学院学报, 2008 (1): 16-22.

周世俭. 冲突与摩擦会明显增加——布什第二任期内中美经贸关系面临的几大问题 [J]. 国际贸易, 2005 (3): 21-24.

周政宁, 史新鹭. 贸易摩擦对中美两国的影响: 基于动态 GTAP 模型的分析 [J]. 国际经贸探索, 2019, 35 (2): 20-31.

朱民. 全球经济失衡的调整及对中国的影响 [J]. 国际经济评论, 2005 (1): 5-9.

祝丹涛. 金融体系效率的国别差异和全球经济失衡 [J]. 金融研究, 2008 (8): 29-38.

Aichele R, Heiland I. Where Is the Value Added? Trade Liberalization and Production Networks [J]. *Journal of International Economics*, 2018, 115: 130-144.

Alden E H, Schurmann F. *Why We Need Ideologies in American Foreign Policy: Democratic Politics and World Order* [M]. Institute of International Studies, University of California, 1990.

Amador J, Cappariello R, Stehrer R. Global Value Chains: A View from the Euro Area [J]. *Asian Economic Journal*, 2015, 29 (6): 99-120.

Antràs P. Firms, Contracts, and Trade Structure [J]. *Quarterly Journal of Economics*, 2003 (4): 1375-1418.

Arndt S W, Kierzkowski H, ed. *Fragmentation: New Production Patterns in the World Economy* [M]. Oxford University Press, 2001.

Bagnai A. The Role of China in Global External Imbalances: Some Further Evidence [J]. *China Economic Review*, 2009, 20 (3): 508-526.

Bagwell K, Staiger R W. A Theory of Managed Trade [J]. *American Economic Review*, 1990, 80: 779-795.

Baily M N, Bosworth B P. US Manufacturing: Understanding Its Past and Its Potential Future [J]. *Journal of Economic Perspectives*, 2014, 28 (1): 3-26.

Baldwin S E. Technology and Employment: Innovation and Growth in the U. S. Economy [J]. *Journal of Policy Analysis and Management*, 1989, 8 (2): 333-336.

Bamieh O, Fiorini M, Jakubik H A. Services Input Intensity and US Manufacturing Employment: Responses to the China Shock [J]. RSCAS Working Papers, 2017.

Barattieri A, Basu S, Gottschalk P. Some Evidence on the Importance of Sticky Wages [J]. *American Economic Journal: Macroeconomics*, 2014, 6 (1): 70-101.

Bell M, Albu M. Knowledge Systems and Technological Dynamism in Industrial Clusters in Developing Countries [J]. *World Development*, 1999, 27 (9): 1715-1734.

Bernanke B S. Monetary Policy in a World of Mobile Capital [J]. *Cato Journal*, 2005, 25 (1): 1-12.

Bernard A B, Jensen J B, Schott P K. Survival of the Best Fit: Exposure to Low-wage Countries and the (Uneven) Growth to U. S. Manufacturing Plants [J] *Journal of International Economics*, 2006, 68 (1): 219-237.

Biesebroeck J V, Zhang L. Interdependent Product Cycles for Globally Sourced Intermediates [J]. *Journal of International Economics*, 2014, 94 (1): 143-156.

Blanchard E J, Bown C P, Johnson R C. Global Supply Chains and Trade Policy [R]. CEPR Discussion Paper No. DP11044, 2016.

Brander, J A , Spencer B J. Tariffs and the Extraction of Foreign Monopoly

Rents under Potential Entry [J]. *Canadian Journal of Economics*, 1981 (3): 371-389.

Brooks R. Population Aging and Global Capital Flows in a Parallel Universe [J]. *IMF Staff Papers*, 2003, 50 (2): 200-221.

Buckley P J, Casson M. *The Multinational Enterprise in the World Economy* [M]. UK: Palgrave Macmillan, 1976.

Bugamelli M, Fabiani S, Sette E. The Age of the Dragon: Chinese Competition and the Pricing Behavior of the Italian Firms [J]. *Working Papers*, 2010, 49 (2): 187-190.

Caballero R J, Krishnamurthy A. Bubbles and Capital Flow Volatility: Causes and Risk Management [J]. *Social Science Electronic Publishing*, 2006, 53 (1): 35-53.

Caballero R J, Farhi E, Gourinchas P O. An Equilibrium Model of "Global Imbalances" and Low Interest Rates [J]. *American Economic Review*, 2008, 98 (1): 358-393.

Carbaugh R J, Hedrick D W. Will the Dollar be Dethroned as the Main Reserve Currency? [J]. *Global Economy Journal*, 2009 (9): 1.

Chinn M D, Ito H. Current Account Balances, Financial Development and Institutions: Assaying the World "Saving Glut" [J]. *Journal of International Money and Finance*, 2007, 26 (4): 546-569.

Chinn M D, Prasad E S. Medium-term Determinants of Current Accounts in Industrial and Developing Countries: An Empirical Exploration [J]. *Journal of International Economics*, 2003, 59 (1): 47-76.

Colantone I, Crino R. New Imported Inputs, New Domestic Products [J]. *Journal of International Economics*, 2014, 92 (1): 147-165.

Cooper R N. Understanding Global Imbalance [Z]. Mimeo, Harvard University, 2006.

177

Costinot A, Rodriguez-Clare A. Trade Theory with Numbers: Quantifying the Consequences of Globalization [J]. *Handbook of International Economics*, 2013 (4): 197-261.

David A, David D, Hanson G H, et al. Trade Adjustment: Worker Level Evidence [J]. *SSRN Electronic Journal*, 2013: 1-61.

Dong Y, Whalley J. Gains and Losses from Potential Bilateral US-China Trade Retaliation [J]. *Economic Modelling*, 2012, 29 (6): 2226-2236.

Dooley K, Subra A, Anderson J. Adoption Rates and Patterns of Best Practices in New Product Development. [J]. *International Journal of Innovation Management*, 2002, 6 (1): 85-103.

Dooley M P, Folkerts-Landau D, Garber P M. An Essay on the Revived Bretton Woods System [J]. *Social Science Electronic Publishing*, 2003, 9 (4): 307-313.

Dooley M P, Folkerts-Landau D, Garber P M. The US Current Account Deficit and Economic Development: Collateral for a Total Return Swap [J]. *NBER Working Papers*, 2004 (9): 1-11.

Edelstein, M. *Overseas Investment in the Age of High Imperialism* [M]. New York: Columbia University Press, 1982.

Engel C, Rogers J H. The U. S. Current Account Deficit and the Expected Share of World Output [J]. *Journal of Monetary Economics*, 2006, 53: 1063-1093.

Erbahar A, Zi Y. Cascading Trade Protection: Evidence from the US [J]. *Journal of International Economics*, 2017, 108 (C): 274-299.

Feldstein M. The Recent Failure of U. S. Monetary Policy [J]. *De Economist*, 1993, 141 (1): 141-154.

Forbes S. Those Corrosive Money Laws [J]. *Forbes*, 2008, 182 (12): 20.

Fung D, Lau T K. Poor Perinatal Outcome Associated with Vasa Previa: Is It Preventable? A Report of Three Cases and Review of the Literature [J]. *Ultrasound in Obstetrics & Gynecology*, 1998, 12 (6): 430-433.

Gaulier G, Lemoine F, Ünal-Kesenci D. China's Emergence and the Reorganization of Trade Flows in Asia [J]. *China Economic Review*, 2007, 18 (3): 209-243.

Gereffi G. *Commodity Chains and Global Capitalism* [M]. Unknown, 1994.

Gereffi G. International Trade and Industrial Upgrading in the Apparel Commodity Chain [J]. *Journal of International Economics*, 1999, 48 (1): 37-70.

Gereffi G, Humphrey J, Sturgeon T J. The Governance of Global Value Chains [J]. *Review of International Political Economy*, 2005, 12 (1): 78-104.

Gilpin R. An Alternative Strategy to Foreign Investment [J]. *Challenge*, 1975, 18 (5): 12-19.

Gourinchas P O, Jeanne O. Capital Flows to Developing Countries: The Allocation Puzzle [R]. NBER Working Papers, 2007.

Gruber J, Kamin S. Do Differences in Financial Development Explain the Global Pattern of Current Account Imbalances? [J]. *International Finance Discussion Papers*, 2008, 17 (4): 667-688.

Hausmann R, Sturzenegger F. U. S. and Global Imbalances: Can Dark Matter Prevent a Big Bang? [R]. Harvard University, 2005.

Hillberry R H, Fernandes A M, Alcántara A M. Trade Facilitation Reform: The Impact of Targeted Sampling on Import Compliance [R]. The World Bank Group, 2018.

Hoekman B M, Leidy M P. Cascading Contingent Protection [J]. *Europe-*

179

an Economic Review, 1992, 36 (4): 883-892.

Hummels D, Ishii J, Yi K. The Nature and Growth of Vertical Specialization in World Trade [J]. *Journal of International Economics*, 2001, 54 (1): 75-96.

Johnson, H G. Optimum Tariffs and Retaliation [J]. *Review of Economic Studies*, 1953 (21): 142-153.

Kaplinsky R. *Globalization*, *Inequality*, and *Poverty*: *Between a Rock and a Hard Place* [M]. Cambridge: Polity, 2005.

King R G, Levine R. Finance and Growth: Schumpeter Might Be Right [J]. *The Quarterly Journal* of Economics, 1993, 108 (3): 717-737.

Kissinger H A. A World We Have Not Known [N]. *Newsweek*, 1997.

Kletzer K, Bardhan P. Credit Markets and Patterns of International Trade [J]. *Journal of Development Economics*, 1987, 27 (1-2): 57-70.

Kliesen K L, Tatom J A. U. S. Manufacturing and the Importance of International Trade: It's Not What You Think [J]. *Federal Reserve Bank of St. Louis Review*, 2013, 95: 27-50.

Kogut B. Designing Global Strategies: Comparative and Competitive Value-added Chains [J]. *Sloan Management Review*, 1985, 26 (4): 15-28.

Kojima K. Direct Foreign Investment to Developing Countries: The Issue of Over-presence [J]. *Hitotsubashi Journal of Economics*, 1978, 19 (1/2): 1-15.

Koopman R, Powers W, Wang Z, et al. Give Credit Where Credit Is Due: Tracing Value Added in Global Production Chains [J]. *Tidsskrift for den Norskel*, 2010, 123 (7): 1-58.

Koopman R, Wang Z, Wei S. Tracing Value-added and Double Counting in Gross Exports [J]. *American Economic Review*, 2014, 104 (2):

459-494.

Krugman P R. Scale Economies, Product Differentiation, and the Pattern of Trade [J]. *American Economic Review*, 1980, 70 (5): 950-959.

Krugman P. The Illusion of Conflict in International Trade. 1995 (2): 9-20.

Leten B, Vanhaverbeke W, Roijakkers N, et al. IP Models to Orchestrate Innovation Ecosystems: IMEC, a Public Research Institute in Nano-electronics [J]. *California Management Review*, 2013, 55 (4): 51-64.

Ludema R D, Mayda A M, Yu M, et al. The Political Economy of Protection in GVCs: Evidence from Chinese Micro Data [R]. CEPR Discussion Paper No. DP14156, 2019.

Markusen A R. *Profit Cycles, Oligopoly, and Regional Development* [M]. MIT Press, 1985.

McCalman P, Spearot A. Why Trucks Jump: Offshoring and Product Characteristics [J]. *Journal of International Economics*, 2013, 91 (1): 82-95.

Melitz M J. The Impact of Trade on Intra-industry Reallocations and Aggregate Industry Productivity [J]. *Econometrica*, 2003, 71 (6): 1695-1725.

Mendoza E G, Quadrini V, Rios-Rull J V. Financial Integration, Financial Deepness and Global Imbalances [J]. *Social Science Electronic Publishing*, 2007 (2): 1-50.

Milberg W, Winkler D. Trade Crisis and Recovery: Restructuring of Global Value Chains [R]. Policy Research Working Paper Series, 2010.

Mundell R A. International Trade and Factor Mobility [J]. *American Economic Review*, 1957, 47 (3): 321-335.

Neary J P. Factor Mobility and International Trade [J]. *Canadian Journal of Economics*, 1995 (7): 53-68.

Nenci S, Pietrobelli C. Does Tariff Liberalization Promote Trade? Latin American Countries in the Long-run (1900-2000) [J]. *Global Economy Journal*, 2007, 8 (4): 2-2.

Obstfeld M, Taylor A M. *Global Capital Markets: Integration, Crisis and Growth* [M]. Cambridge University Press, 2004.

Park A, Nayyar G, Low P. Supply Chain Perspectives and Issues: A Literature Review [R]. World Trade Organization & Fung Global Institute, 2013.

Pierce J R, Schott P K. A Concordance Between Ten-digit U. S. Harmonized System Codes and SIC/NAICS Product Classes and Industries [R]. Working Papers, 2012.

Quast B, Kummritz V. Global Value Chains in Low and Middle Income Countries [R]. CTEI Working Papers Series, 2016.

Query J A. The Impact of Transportation Costs and Trade Barriers on International Trade Flows [D]. Dissertations & Theses-Gradworks, 2015.

Rajan R G, Zingales L. Which Capitalism? Lessons from the East Asian Crisis [J]. *Journal of Applied Corporate Finance*, 1998, 11 (3): 40-48.

Sleuwaegen L, Belderbos R, Jie-A-Joen C. Cascading Contingent Protection and Vertical Market Structure [J]. *International Journal of Industrial Organization*, 1998, 16: 697-718.

Taylor T N, Davis P H, Torner J C, et al. Lifetime Cost of Stroke in the United States [J]. *Stroke: A Journal of Cerebral Circulation*, 1996, 27 (9): 1459-1466.

Temple W. *Christianity and Social Order* [M]. London: SCM Press, 1942.

Tibbitts S J. Human Values vs. Political and Economic Realities [J]. *Hospitals*, 1978, 52 (8): 93-98.

Timmer M P, Los B, Stehrer R, de Vries G. Fragmentation, Incomes and Jobs: An Analysis of European Competitiveness [J]. *Economic Policy*, 2013, 28 (76): 613-661.

Vandenbussche H, Viegelahn C. Indian Antidumping Measures Against China: Evidence from Monthly Trade Data [J]. *LICOS Discussion Papers*, 2013, 48 (1): 1-21.

Wang Z, Wei S J, Yu X, et al. Characterizing Global Value Chains: Production Length and Upstreamness [J]. *NBER Working Papers*, 2017 (3): 1-72.

Wang Z, Wei S and Zhu K. Quantifying International Production Sharing at the Bilateral and Sector Levels [R]. NBER Working Paper, 2013.

Willen P. *Incomplete Markets and Trade* [M]. Social Science Electronic Publishing, 2004.

William S. G. Dumb Money: Mutual Fund Flows and the Cross-section of Stock Returns [J]. *Journal of Financial Economics*, 2005, 88 (2): 299-322.

Zhang Q, Felmingham B. The Relationship Between Inward Direct Foreign Investment and China's Provincial Export Trade [J]. *China Economic Review*, 2001 (12): 82-99.

图书在版编目（CIP）数据

全球经济失衡与价值链重构：兼论国际贸易争端 /
贺娅萍著. -- 北京：社会科学文献出版社，2023.12
（河南大学经济学学术文库）
ISBN 978-7-5228-2182-5

Ⅰ. ①全…　Ⅱ. ①贺…　Ⅲ. ①世界经济-经济失衡-
研究②国际贸易-经济纠纷-研究　Ⅳ. ①F11②D996.1

中国国家版本馆 CIP 数据核字（2023）第 141227 号

河南大学经济学学术文库
全球经济失衡与价值链重构
兼论国际贸易争端

著　　者 / 贺娅萍

出 版 人 / 冀祥德
组稿编辑 / 恽　薇
责任编辑 / 田　康
责任印制 / 王京美

出　　版 / 社会科学文献出版社·经济与管理分社（010）59367226
　　　　　　地址：北京市北三环中路甲 29 号院华龙大厦　邮编：100029
　　　　　　网址：www.ssap.com.cn
发　　行 / 社会科学文献出版社（010）59367028
印　　装 / 三河市龙林印务有限公司

规　　格 / 开　本：787mm×1092mm　1/16
　　　　　　印　张：12.25　字　数：157 千字
版　　次 / 2023 年 12 月第 1 版　2023 年 12 月第 1 次印刷
书　　号 / ISBN 978-7-5228-2182-5
定　　价 / 98.00 元

读者服务电话：4008918866